Du **CM1** au **CM2**

Passeport

9-10 ans

Claire **BARTHOMEUF**

Jacques **CHANTEUX**

Xavier **KNOWLES**
pour l'anglais

Direction pédagogique : Bernard Jenner

Illustrations intérieures : Philippe Chauvet

Conception et illustration des pages d'activités : Blandine Debriffe

hachette
ÉDUCATION

Passeport, c'est :

• 16 séquences pour réviser l'essentiel

LECTURE
Un texte illustré et des exercices de compréhension.

FRANÇAIS
Des exercices d'orthographe, de grammaire ou de conjugaison.

MATHÉMATIQUES
Des exercices de calcul, de géométrie ou de mesures.

HISTOIRE GÉOGRAPHIE SCIENCES ANGLAIS
Une ouverture sur le monde.

• 4 doubles pages d'activités récréatives

Des activités ludiques et documentaires pour s'amuser en vacances.

Des jeux et des bricolages facilement réalisables, à faire seul(e) ou en famille.

Les autocollants-récompenses à gagner pour donner envie de terminer son parcours de révision.

• Les pages d'aide-mémoire et les corrigés

L'AIDE-MÉMOIRE
Des rappels de cours numérotés, regroupés par matières et notions. Dans les séquences, les bouées numérotées renvoient à l'aide-mémoire.

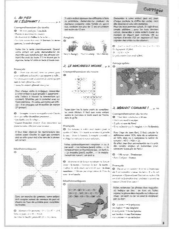

LES CORRIGÉS DÉTAILLÉS
sont regroupés dans un cahier central détachable et complétés de conseils pratiques.

+ la gazette parents

Sommaire

Aide-mémoire p. 46
Corrigés au centre du cahier

1 p. 06 — Au pied de l'Éléphant !

2 p. 08 — Le macareux moine

3 p. 10 — Maudit corsaire !

4 p. 12 — L'homme et le feu

5 p. 14 — Jeu de plein air

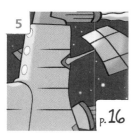

5 p. 16 — Une maison spatiale !

6 p. 18 — Ils font des stocks…

7 p. 20 — À l'aise dans sa peau…

8 p. 22 — Alimentaire, mon cher Watson !

p. 24 — Bricolage

9 p. 26 — La belle bleue…

10 p. 28 — Des… astres !

11 p. 30 — Toi, toi, mon toit !

12 p. 32 — C'est dans l'assiette !

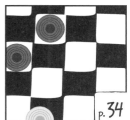

p. 34 — Jeu de plateau

13 p. 36 — Allô ! À l'eau !

14 p. 38 — De drôles d'écritures

15 p. 40 — Dans le ventre de la Terre

16 p. 42 — Au cirque…

p. 44 — Recette de cuisine

Crédits photographiques
p. 8 © Jean Mayet/Bios ; p. 11 © Photothèque Hachette / D.R. ; p. 16, la Station spatiale internationale © Eyedea ; p. 20 © Éric Bouvet/ Eyedea ; p. 21 *Le Mont Fuji* (1858), estampe de la série « Trente-six Vues », par Ando Hiroshige (1797-1858) © Photothèque Hachette ; p. 30, versant italien du mont Blanc © Alain Kubacsi/ Eyedea ; p. 40, le volcan du piton de la Fournaise en éruption © Alain Buu/Eyedea ; p. 1 des corrigés, haut © EyeWire, bas © Banana Stock ; p. 2 des corrigés, haut et milieu © Photo Alto, bas © EyeWire.

Couverture et page de titre
Conception graphique : Mélissa Chalot.
Illustration : Alain Boyer.
Réalisation : Sylvie Fécamp.

Intérieur
Conception graphique : Audrey Izern.

Édition : Fabrice Pinel.

Réalisation PAO : Médiamax.

Cartographie : Hachette Éducation.

Illustrations d'anglais : Dominique Fages.

Dessins techniques (hors pages d'activités) : Laurent Rullier.

ISBN : 978-2-01-161289-2

www.hachette-education.fr

© Hachette Livre, 2014
43, quai de Grenelle
75905 Paris Cedex 15.

★ Sommaire détaillé pa

FRANÇAIS

Vocabulaire et expression
- adjectifs et contraires...................................... p. 40
- famille de mots.. p. 08
- suffixe *-mètre*... p. 36
- suffixe *-graphe*... p. 38
- suffixes.. p. 16

Grammaire
- adjectifs qualificatifs épithètes
  et attributs du sujet .... p. 30
- complément d'objet direct .... p. 26
- complément d'objet indirect
  et complément d'objet second .... p. 32
- complément du nom .... p. 30
- compléments circonstanciels .... p. 12
- formes affirmative et négative .... p. 18
- groupe sujet.. p. 06
- types de phrases .... p. 42

Conjugaison
- futur de l'indicatif .... p. 28
- imparfait de l'indicatif .... p. 20
- passé composé (auxiliaires *avoir* et *être*) .... p. 32
- passé simple des verbes en *-er*
  et en *-ir (finir)* .... p. 22
- présent de l'impératif .... p. 18
- présent des verbes en *-er (chanter)*
  et du 3e groupe .... p. 06
- présent des verbes en *-er*, en *-ir (finir)*
  et du 3e groupe .... p. 12

Orthographe
- adjectif qualificatif épithète (accord).... pp. 16 et 22
- adverbe (formation) .... p. 36
- choisir entre *é* et *er* .... p. 40
- féminin des noms (et des déterminants)...... p. 10
- homonymes grammaticaux *(a, à)* .... p. 08
- homonymes grammaticaux *(et, est)* .... p. 20
- homonymes grammaticaux *(ou, où)* .... p. 10
- participe passé (accord) .... p. 38
- pluriel des noms (et des déterminants)........ p. 10

MATHS

Nombres
- écriture des grands nombres........................ p. 13
- fractions, écriture fractionnaire .... pp. 23 et 33

Calcul
- calcul mental (addition) .... pp. 09 et 19
- calcul mental (division) .... pp. 21 et 41
- calcul mental
  (multiplication) .... pp. 11, 17, 19, 21, 27 et 31
- divisions à 1 et 2 chiffres
  au diviseur .... pp. 21, 33, 37 et 41
- fonctions numériques .... pp. 23 et 33
- multiplication de deux entiers .... pp. 17 et 29
- multiplication de nombres décimaux........... p. 31
- multiplication par 10 et par 100.... pp. 19, 27 et 29
- nombres décimaux
  (somme, produit et différence)...................... p. 21
- nombres entiers (somme et produit) .... p. 19

- nombres impairs .... p. 39
- problème avec la multiplication
  et l'addition .... pp. 07, 09, 31, 37, 41 et 43
- problème avec la multiplication .... p. 19
- proportionnalité (problème) .... p. 33
- quatre opérations (entiers) .... p. 39

Géométrie
- figures simples.. p. 43
- périmètre et aire du rectangle .... p. 11
- symétrie par rapport à un axe .... p. 07

Mesures
- mesures d'aire .... pp. 11, 17 et 43
- mesures de capacité .... p. 37
- mesures de longueur................................... p. 17
- mesures de masse .... pp. 17 et 27

matières et notions

DÉCOUVERTE DU MONDE

Histoire
- chronologie de l'écriture .... p. 39
- grandes découvertes.................................. p. 11
- histoire humaine .... p. 13

Géographie
- capitales européennes .... p. 17
- régions françaises et tradition .... p. 37
- mers et océans .... p. 9
- villes françaises .... p. 43

Sciences
- appareil digestif .... p. 23
- astronomie (vocabulaire)............................ p. 29
- séismes et volcans .... p. 21

Instruction civique et morale
- préserver l'environnement............................ p. 27

ANGLAIS

- couleurs, visage .... p. 19
- nourriture... p. 33
- paysages... p. 41
- sensations .... p. 07
- sentiments .... p. 31

activiTés

Arts
- déguisement .... p. 35
- masque .... p. 45
- moulages.. p. 25
- pochoirs.. p. 35

Cuisine
- recette du riz cantonais .... p. 44

Environnement
- préserver l'environnement .... p. 15
- tri des déchets .... p. 14

Histoire
- calligraphie .... p. 45
- pirates et corsaires .... p. 35

Sciences-technologie
- fossiles... p. 24
- traces et empreintes................................ p. 25
- transformer des objets .... p. 15

AU PIED DE

EN AVANT ! L'heure des vacances a enfin sonné. Alexandre retrouve Paul et Luna, ses deux meilleurs amis, pour une escalade en forêt de Fontainebleau. La joyeuse bande s'engage sur le circuit blanc qui traverse le massif de l'Éléphant. C'est la première fois qu'ils empruntent ce parcours. Heureusement, la présence de Pierre, le moniteur, est rassurante.

Parvenus au pied d'un rocher qui leur paraît gigantesque, ils font une pause. Ils tapent leurs chaussures sur un petit tapis pour les nettoyer et s'apprêtent à s'engager dans une voie d'ascension. Auparavant, ils observent avec attention les failles de la roche qui serviront de prises. Pierre vérifie que chaque harnais est bien sanglé, que les mousquetons sont bien fermés et que la corde de rappel n'a pas de nœud. Luna, la plus intrépide, s'élance la première, sous les regards mi-inquiets, mi-envieux de ses deux amis.

1 As-tu bien lu ?

• Quel sport les trois amis vont-ils pratiquer ?   *de l'escalade*

• Qui les rassure ?   *Pierre*

• Qu'observent-ils avant de grimper ?   *les failles de la roche*

• Cite les trois accessoires nécessaires à cette activité :   *harnais, mousquetons et corde de ra*

FRANÇAIS

2 Écris les verbes entre parenthèses au présent de l'indicatif. [19 SOS]

• Les enfants (adorer) adorent jouer dans les arbres.

• Pour leur sécurité, tous ces jeunes grimpeurs (utiliser) **utilisent** un baudrier qui (enserrer) **enserre** la taille et les cuisses.

• Le mousqueton (être) **est** un anneau de métal qui (permettre) **permet** de faire glisser la corde.

• Ainsi, les enfants (glisser) **glissent** sans peur sur la tyrolienne.

3 Complète ces phrases avec le groupe sujet qui convient. [10 SOS]

celles du mélèze – le sapin
l'accro-branches – les forêts – on

• **Le sapin** conserve ses aiguilles toute l'année, alors que **celles du mélèze** jaunissent et tombent à la fin de l'automne.

• **les forêts** sont le refuge de nombreuses espèces animales.

• **l'accro-branche** permet d'en rencontrer un grand nombre. **on** peut ainsi écouter et observer les oiseaux de nos régions.

L'ÉLÉPHANT !

MATHS

4 Trace le symétrique de la feuille par rapport à l'axe d, puis trace les symétriques des deux feuilles par rapport à l'axe d'.

32
SOS

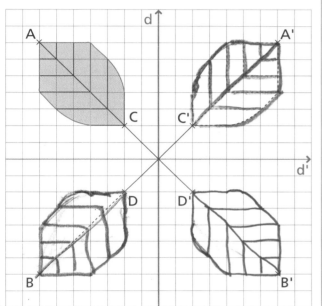

5 Enzo, 13 ans, et ses frères jumeaux, âgés de 9 ans, se rendent avec leurs parents à Accro'parc. Maman accompagne les jumeaux sur le Parcours vert, tandis qu'Enzo accomplit avec son papa le Parcours vert et le Parcours rouge.

26 28
SOS

Combien vont-ils payer pour l'entrée au parc ?

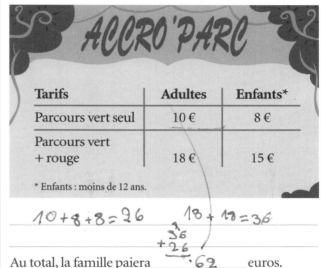

ACCRO'PARC

Tarifs	Adultes	Enfants*
Parcours vert seul	10 €	8 €
Parcours vert + rouge	18 €	15 €

* Enfants : moins de 12 ans.

$10 + 8 + 8 = 26$ $18 + 18 = 36$

$36 + 26$

Au total, la famille paiera _____62_____ euros.

Devinette

Quel célèbre héros de roman adapté au cinéma est le premier à avoir « volé » d'arbre en arbre ?

Réponse : Tarzan.

ANGLAIS

6 Complète les phrases avec les mots suivants :

asleep   thirsty   hungry

They're _hungry_.   They're _asleep_.   She's _thirsty_.

LE MACAREUX

S URNOMMÉ « LE PERROQUET DE MER », il a l'apparence d'un petit pingouin aux yeux de clown cernés d'orange. Il a aussi un énorme bec rayé verticalement de bleu-noir, de jaune et d'orange vif. Pour capturer les poissons, le macareux moine se propulse avec ses ailes et non avec ses pattes palmées. Il vole littéralement sous la surface de l'eau.

Il niche dans un trou qu'il creuse lui-même avec ses pattes et son bec ou dans un terrier abandonné par les lapins.

La femelle pond au mois de mai un seul œuf qui éclôt quarante jours plus tard.

Au bout de cinquante jours, le bec devient arc-en-ciel et le jeune macareux moine prend son envol du nid familial souterrain.

1 Mots fléchés

(A) Nom donné à ce macareux.

(B) Mois où a lieu la ponte.

(C) Nombre de jours s'écoulant entre la ponte et l'éclosion.

(D) Un des lieux où il peut faire son nid.

(E) Couleur cernant les yeux du macareux.

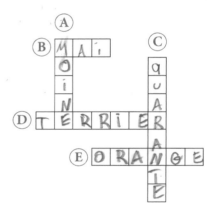

Grille de mots croisés :
- (B) MAI, (A) MOIN... (vertical)
- (C) QUARANTE (vertical)
- (D) TERRIER
- (E) ORANGE

FRANÇAIS

2 Complète les phrases avec à (préposition) ou a (verbe *avoir*). [2 SOS]

- La météo a prévu un coup de vent à cinq heures.
- Les bateaux _à_ voiles sont rentrés pour se mettre _à_ l'abri.
- Le marin _a_ renoncé _à_ prendre la mer.
- Toute la journée, la tempête _a_ soufflé et _a_ obligé les estivants _à_ rester enfermés.

3 Relie ces mots de la famille de mer à leur définition. [3 SOS]

mouvement de la mer montante ou descendante •   • la dune maritime

homme de mer •   • le sel marin

colline de sable située en bord de mer •   • la marée

obtenu par évaporation de l'eau de mer •   • le marin

MOINE

Blague

Quel animal à tentacules vit dans l'eau sans jamais se mouiller ?

Réponse : la seiche.

Tu as fini ? Bravo !

Colle ici ton étoile récompense.

MATHS

4 Calcule sans poser l'opération, **26 SOS** puis colorie le dessin en fonction des résultats.

$56 + 30 =$ __86__ (rouge)

$30 + 42 =$ __72__ (violet)

$430 + 12 =$ __442__ (jaune)

$40 +$ __12__ $= 52$ (orange)

$140 +$ __500__ $= 640$ (bleu)

$350 +$ __100__ $= 450$ (gris)

5 Marché en Bretagne **27 28 SOS**

Paul et sa sœur Lisa ont décidé de préparer le repas. Ils achètent 300 grammes de crevettes, 1/2 kilo de palourdes et 3 kilos de moules.

Combien dépensent-ils ? __15,5 €__

Ils donnent 20 euros au poissonnier.

Combien leur rend-il ? __4,5 €__

GÉOGRAPHIE

6 Replace chaque nom de mer ou d'océan sur ce planisphère.

(A) océan Atlantique

(B) océan Pacifique

(C) océan Indien

(D) océan Glacial Arctique

(E) mer Méditerranée

(F) mer du Nord

(G) océan Glacial Antarctique

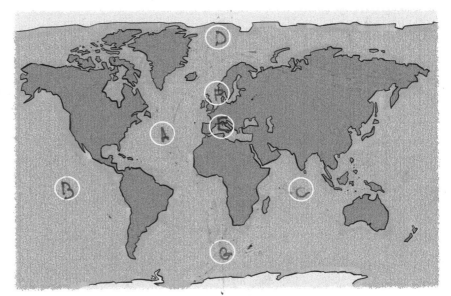

Avis de recherche
Jean Bart

*Né en France à Dunkerque en octobre 1650.
En activité depuis 1673 en mer du Nord.*

*Signalement : gredin chaleureux,
rarement vu sans sa pipe.*

*Recherché pour le pillage de navires
anglais et hollandais dont il livrait
le butin au peuple affamé de Paris.*

*Anobli par Louis XIV en 1694.
Aurait été vu pour la dernière fois
dans une barque, ramant pour quitter
l'Angleterre et rejoindre
la France…*

1 Coche les bonnes réponses.

• Jean Bart commence
son métier de corsaire :
- ☒ à 23 ans.
- ☐ à 50 ans.
- ☐ à 73 ans.

• On le reconnaît :
- ☐ à sa barbe noire.
- ☐ à son bandeau sur l'œil.
- ☒ à sa pipe.

• Il pille les navires :
- ☐ en mer des Caraïbes.
- ☐ en mer Méditerranée.
- ☒ en mer du Nord.

• Il est recherché par :
- ☐ les Français.
- ☒ les Anglais.
- ☒ les Hollandais.

2 Écris le nom :
- de sa ville natale : *Dunkerque*
- de son pays d'origine : *France*

FRANÇAIS

3 Complète les phrases avec ou ou bien où. [1 SOS]

Où navigue Jean Bart : dans la Manche ou en mer du Nord ? *où* est né ce corsaire ? Il est né à Dunkerque *où* il est considéré comme un héros. Il a été fait prisonnier à Plymouth *ou* il fut jeté au cachot. *Où* a-t-il été vu la dernière fois : enchaîné à un mât *ou* ramant à bord d'un canot ?

4 Écris ces noms au féminin. [4 15 SOS]

le prince → *la princesse*
un Anglais → *une Anglaise*
le navigateur → *la navigatrice*
un Parisien → *une Parisienne*
son cuisinier → *sa cuisinière*

5 Écris ces noms au pluriel. [6 15 SOS]

le bateau → *les bateaux*
un amiral → *des amiraux*
la bataille → *des batailles*
un mât → *des mâts*
ce canon → *ces canons*

CORSAIRE !

MATHS

6 Barbe-Noire

28 SOS

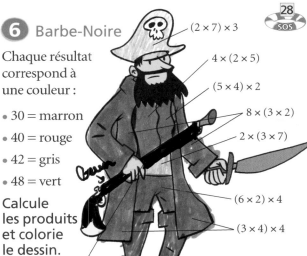

$(2 \times 7) \times 3$

$4 \times (2 \times 5)$

$(5 \times 4) \times 2$

$8 \times (3 \times 2)$

$2 \times (3 \times 7)$

$(6 \times 2) \times 4$

$(3 \times 4) \times 4$

$5 \times (3 \times 2)$

$(3 \times 5) \times 2$

Chaque résultat correspond à une couleur :

- 30 = marron
- 40 = rouge
- 42 = gris
- 48 = vert

Calcule les produits et colorie le dessin.

7 Voile à terre

33 34 38 SOS

Une voile rectangulaire de 9 m de large sur 12 m de long du navire de Barbe-Noire s'est déchirée au cours d'une tempête.

Aide le pirate à calculer combien de mètres de tissu neuf il doit commander.

- Le périmètre de sa voile :

  42 m

- L'aire de sa voile :

  105 m

HISTOIRE

8 Ils ne craignaient pas les pirates !

Relie chaque navigateur à son expédition.

Anagrammes

Retrouve le nom de ces trois ports français en remettant les lettres dans l'ordre.

Kerquedun   Sarmeille   Sterb

Réponses : Dunkerque, Marseille, Brest.

Magellan

Jacques Cartier

Christophe Colomb

Vasco de Gama

découvre l'Amérique (1492).

atteint l'Inde par le cap de Bonne-Espérance (1498).

fait le tour du monde et donne son nom à un détroit (1519-1521).

aborde au Canada (1534-1535).

L'HOMME

DES INCENDIES NATURELS (orages, coulées de lave, feux de forêts) sont sans doute à l'origine de la découverte du feu par l'homme, il y a environ 500 000 ans.

Il dut tout d'abord trouver le moyen de le conserver, avant de savoir l'obtenir par frottement de morceaux de bois ou en frappant du silex contre une pierre ferrugineuse*.

Rapidement, l'*Homo erectus** creusa des cuvettes dans le sol afin d'y aménager des foyers protégés par des petits murets de pierres.

Lorsque le bois venait à manquer, l'os servait de combustible. Il vint alors à l'homme l'idée de fabriquer l'une des premières armes de chasse très efficace : l'épieu. Sa pointe, qui était durcie en la passant dans les flammes, faisait d'une simple lance en bois une arme redoutable.

* ferrugineuse : contenant du fer. * *Homo erectus* : « l'homme debout ».

1 Coche les bonnes réponses.

- L'*Homo erectus* obtient le feu par :
  - ☒ frottement de morceaux de bois.
  - ☐ frottement de cordes.
  - ☒ frappe de silex.

- Il conserve le feu dans :
  - ☐ des cages de bois.
  - ☐ des assiettes.
  - ☒ des foyers de pierres.

- Son combustible est :
  - ☐ le bois.
  - ☐ le charbon.
  - ☒ l'os.

 FRANÇAIS

2 Écris chaque verbe entre parenthèses au présent de l'indicatif. (19 SOS)

- Les hommes (mettre) _____ mettent _____ le feu aux grandes herbes.
- Le feu (prendre) _____ prend _____ rapidement.
- Les éléphants affolés (aller) _____ vont _____ vers les marécages.
- Les chasseurs (brandir) _____ brandissent _____ leurs épieux
et les (lancer) _____ lancent _____ vers un vieil animal épuisé.

3 Souligne en rouge les compléments circonstanciels de temps et en bleu les compléments circonstanciels de lieu. (13 SOS)

En 1992, un plongeur a découvert une grotte sous-marine en Méditerranée.

- En France, on trouve tous les ans de nombreux vestiges préhistoriques.
- La grotte de Lascaux a été découverte en Dordogne en 1940.
- Sur ses parois, au Paléolithique, 17 000 ans auparavant, les premiers artistes ont dessiné plus de 600 animaux.

ET LE FEU

 **MATHS**

4 Écris en chiffres les grands nombres suivants :

vingt mille _20 000_

trois cent mille _300 000_

cinq cent cinquante mille _550 000_

trente-trois mille _33 000_

quatre cent quarante mille _440 000_

huit millions _8 000 000_

trente-cinq millions _35 000 000_

5 Colorie d'une même couleur les animaux dont les nombres sont identiques.

Rébus

L'une de nos plus vieilles ancêtres !

Réponse : Lucy (Lu – scie).

 HISTOIRE

6 L'homme à travers les âges

Relie chaque période de l'histoire humaine à un personnage et à un lieu marquants.

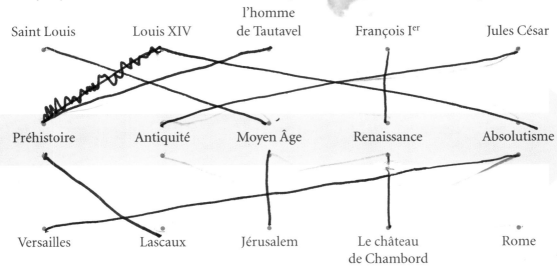

Saint Louis — Louis XIV — l'homme de Tautavel — François Ier — Jules César

Préhistoire — Antiquité — Moyen Âge — Renaissance — Absolutisme

Versailles — Lascaux — Jérusalem — Le château de Chambord — Rome

À toi de jouer !

Le Tri Sélectif

Parmi tous ces déchets, certains se recyclent et d'autres pas.
Les déchets recyclables doivent être triés en fonction de leur matière.
Colorie seulement les déchets recyclables, en utilisant la couleur de la poubelle où tu dois les jeter.

Plastique — Papier Carton — Verre — Végétaux

pour la planète

Bricolage

Il te faut :

✗ des grands sacs-poubelle solides (100 L)

Course en sac

La course peut se jouer en individuel ou par équipes.

1. Trace dans le sable un parcours, avec une ligne de départ et une ligne d'arrivée.

2. Les joueurs, dans leur sac, se mettent en rang sur la ligne de départ et s'élancent au signal.

3. Le premier joueur qui franchit la ligne d'arrivée a gagné.

4. Par équipes (de 2 ou 3), le jeu consiste à faire un aller-retour puis à échanger le sac avec le joueur suivant jusqu'au dernier joueur. Tu peux compliquer le jeu en disposant des objets sur le parcours (bouteille plastique, boîte en carton, etc.) que les joueurs doivent ramasser avant de franchir la ligne d'arrivée.

En fin de journée, utilisez les sacs restants pour ramasser les déchets laissés sur la plage.

info

• Le recyclage, à quoi ça sert ?

Le recyclage des déchets permet : – de fabriquer des vêtements, d'autres objets ;
– de réduire la pollution en produisant moins ;
– de préserver nos ressources et les matières naturelles ;
– de produire de la chaleur en les brûlant.

LE JEU DES BONS GESTES

Barre les actions qui n'aident pas notre planète.

1. ~~Je prends un bain plutôt qu'une douche.~~
2. Je trie ce que je jette.
3. J'éteins la veille du téléviseur.
4. ~~Je laisse couler l'eau en me lavant les dents.~~
5. J'écris sur du papier recyclé.

astuce

Au lieu de jeter, transforme :

1. les pots de confiture en pots à crayons ;
2. les boîtes de conserve en jeu de chamboule-tout ;
3. les bouteilles en verre en chandeliers…

Solution des jeux, p. 8 des corrigés.

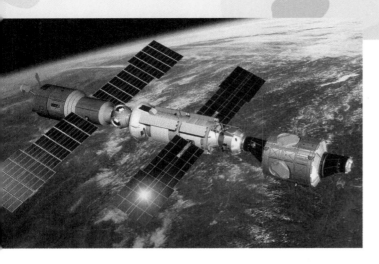

UNE MAISON

LA STATION SPATIALE INTERNATIONALE (ISS) a été construite dans l'espace pour abriter différents laboratoires scientifiques. Commencée en 1998, sa construction s'est achevée en 2011. Quinze pays, dont la France, ont participé à cet assemblage d'éléments tel un Meccano géant. Des équipes d'astronautes se relaient en permanence pour travailler au montage, à l'entretien, et surtout pour réaliser des centaines d'expériences scientifiques en absence de gravité.

La station tourne autour de la Terre à une altitude moyenne de 400 km et une vitesse de 7 km par seconde ! Elle fait donc 16 fois le tour de notre planète en 24 heures.

Le véhicule de transfert automatisé (ATV), vaisseau de ravitaillement de la station, est une construction européenne. Il peut se diriger seul vers l'ISS en échangeant des informations par GPS, puis par navigation au laser. Le premier exemplaire est baptisé *Jules Verne*, en hommage à l'auteur des *Voyages extraordinaires*. Son lancement, grâce à la fusée *Ariane*, a eu lieu le 9 mars 2008.

1 As-tu bien compris ?

- La construction de l'ISS devrait durer __14__ années.
- On l'appelle « la Station internationale », parce que *elle rassemble quinze pays, (qui ont participé à sa construction)*
- Elle va servir *à réaliser beaucoup d'expériences scientifiques en l'absence de gravité*
- Le premier ATV, lancé en 2008, s'appelle : *ariane*.

Rébus

♪ 🚀 A 🥣 🐴

Réponse : la fusée *Ariane* (la – fusée – A – riz – âne).

FRANÇAIS

2 Accorde l'adjectif entre parenthèses avec chacun des noms. [4 6 SOS]

- (bleu) → un ciel bleu → des océans bleus
- (immense) → un espace *immense*
  → des étendues *immenses*
- (spatial) → un vaisseau *spatial*
  → des stations *spatiales*
- (élevé) → un sommet *élevé*
  → une altitude *élevées* !!
- (nouvel) → un *novel* élément
  → de *nouveaux* matériels

3 Trouve le nom de la même famille que l'adjectif (attention aux suffixes). [3 SOS]

- beau → la beauté
- haut → *la hauteur*
- immense → *l'immensité*
- nouveau → *la nouveauté*
- scientifique → *la science*
- lancé → *le lancement*
- construit → *la construction*
- assemblé → *l'assemblage*
- prévu → *la prévision*

SPATIALE !

MATHS

4 La station spatiale en chiffres

25 28 29 34
SOS

Complète en suivant les indications.

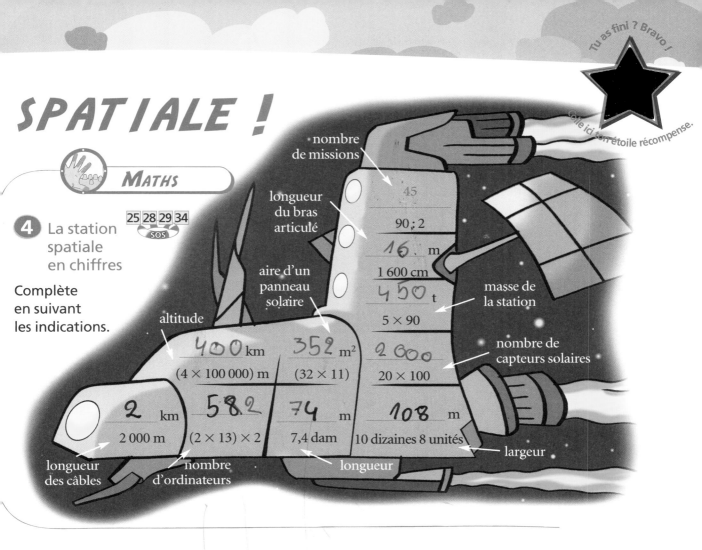

nombre de missions
45

longueur du bras articulé
90 : 2
16 m

altitude
400 km
(4 × 100 000) m

aire d'un panneau solaire
352 m²
(32 × 11)

1 600 cm
450 t
5 × 90
masse de la station

2 000
20 × 100
nombre de capteurs solaires

2 km
2 000 m
longueur des câbles

58,2
(2 × 13) × 2
nombre d'ordinateurs

74 m
7,4 dam
longueur

108 m
10 dizaines 8 unités
largeur

GÉOGRAPHIE

5 Relie chaque pays participant à la construction de l'ISS à sa capitale et à son drapeau.

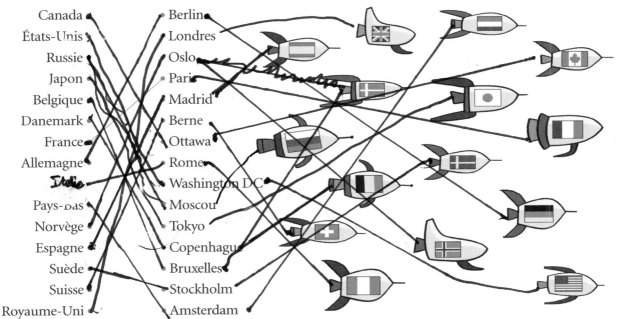

Canada	Berlin
États-Unis	Londres
Russie	Oslo
Japon	Paris
Belgique	Madrid
Danemark	Berne
France	Ottawa
Allemagne	Rome
Italie	Washington DC
Pays-Bas	Moscou
Norvège	Tokyo
Espagne	Copenhague
Suède	Bruxelles
Suisse	Stockholm
Royaume-Uni	Amsterdam

ILS FONT

LES ANIMAUX ONT PARFOIS D'ÉTRANGES FAÇONS de faire des réserves de nourriture. Ainsi le hamster peut avaler 100 grammes de graines qu'il pousse avec la langue dans ses abajoues. Il ira ensuite les cacher au fond de son terrier, attendant le moment où il hibernera pour les consommer. Le léopard, lui, monte les restes de sa proie dans un arbre, les mettant ainsi hors de portée des chacals et des hyènes.
Enfin, le renard dissimule les surplus de nourriture en les enterrant dans plusieurs cachettes… qu'il ne parvient parfois plus à retrouver !

1 As-tu bien lu ?

- Où et pourquoi le léopard cache-t-il ses restes de nourriture ?

Il les cache dans un arbre hors de portée des hyènes et des chacals.

- Quelle quantité de graines le hamster peut-il avaler ?

100 g.

- Comment le renard dissimule-t-il sa nourriture ?

il les enterre dans plusieurs cachettes.

- Quel animal fait des réserves pour l'hiver ? _____

 FRANÇAIS

2 Transforme ces phrases en phrases à la forme affirmative ou à la forme négative.

- Quand mon hamster joue, il court comme un fou.

Quand mon hamster ne joue pas, il ne court pas comme un fou.

- Les gardiens de la réserve ne se déplacent jamais avec leurs fusils.

Les gardiens de la réserve se déplacent toujours avec leur fusils.

- La chauve-souris émet des sons perceptibles par l'homme.

la chauve-souris n'émet pas de sons perceptibles par l'homme.

3 Conjugue ces verbes au présent de l'impératif.

obéir – soulever – replacer – déranger – respecter

- 2e personne du singulier   **Observe** la nature.
- 1re p. du pluriel _____ *obéissons* _____ aux règlements de l'ONF.
- 2e p. du pluriel _____ *soulevez* _____ les pierres avec précaution !
- 2e p. du pluriel _____ *replacez* _____ -les délicatement au même endroit.
- 2e p. du singulier   Ne _____ *dérange* _____ pas les oiseaux qui nichent.
- 2e p. du singulier _____ *respecte* _____ la nature.

DES STOCKS...

MATHS

4 Calcule chaque opération, puis complète le tableau avec les résultats. La somme de chaque ligne et celle de chaque colonne sont toujours égales à 1 720.

a 160	+	360	+	1 800	=	1 720
+		+		+		
1 200	+	160	b 360	=	1 720
+		+		+		
c 360	+	1 200	+	160	=	1 720
=		=		=		
1 720		1 720		1 720		

$(2 \times 8) \times 10 =$ _160_ (a)

$(18 \times 2) \times 10 =$ _360_ (b)

$(3 \times 4) \times 100 =$ _1 200_ (c)

$(50 \times 2) \times (3 \times 4) =$ _1 200_

$(4 \times 4) \times 10 =$ _160_

$(30 \times 2 \times 2) \times 10 =$ _1 200_

$(9 \times 4) \times 10 =$ _360_

$(2 \times 2 \times 4) \times 10 =$ _160_

$(3 \times 3) \times 40 =$ _360_

5 Généalogie d'écureuils

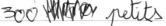

Une maman écureuil donne en moyenne naissance à 5 petits par portée. Elle aura 2 portées dans 1 année. Sa longévité est d'environ 12 ans.

• Combien peut-elle espérer avoir de petits :

– au bout de 1 an ? _10 petits_   – au bout de 12 ans ? _120 petits_

• Combien 3 mamans écureuils peuvent-elles avoir de petits en 10 ans ?

300 petits

Charade

Mon premier est le contraire de *chevelu*.
Mon deuxième a trop bu.
Mon troisième est la nourriture de base des Chinois.
Et mon tout est un petit mammifère qui vit la tête en bas.

Réponse : chauve-souris (chauve – soûl – riz).

ANGLAIS

6 Relie les mots entre eux pour décrire chaque dessin.

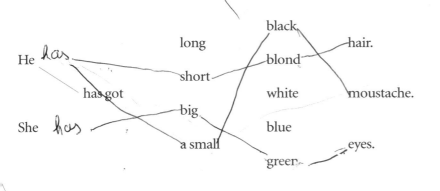

He _has_   long   black   hair.

has got   short   blond

She _has_   big   white   moustache.

        a small   blue

        green   eyes.

L ES INUITS VIVENT DANS LES RÉGIONS NORDIQUES de l'Arctique canadien, entre l'Alaska et l'Est du Groenland. L'hiver, les Inuits portent selon la tradition deux manteaux constitués de deux couches de peau cousues entre elles. Le premier se porte fourrure contre peau et le second fourrure vers l'extérieur – ce qui crée une excellente protection contre le froid. Les poils extérieurs sont tournés vers le bas pour les débarrasser facilement de la neige et du froid. Ce manteau fait partie des éléments essentiels de la vie quotidienne des Inuits car il est parfaitement adapté au climat glacé de l'Arctique. Ce sont les femmes inuites qui, traditionnellement, sont chargées de confectionner les vêtements de la famille avec les peaux de rennes ou de phoques que l'homme rapporte de la chasse.

1 Retrouve, grâce aux définitions, des mots du texte.

(A) Région nordique.
(B) Pôle au climat glacé.
(C) Tombe en flocons l'hiver.
(D) Activité de l'homme inuit.
(E) Peuple du Grand Nord canadien.
(F) Animal chassé pour sa peau et sa viande.

Grille :
- (A) A L A S K A
- (B) vertical : A R C T I Q U E
- (C) vertical : N E I G E
- (D) C H A S S E
- (E) I N U I T S
- (F) R E N N E

FRANÇAIS

2 Conjugue les verbes entre parenthèses à l'imparfait de l'indicatif. **20 SOS**

• Les Inuits (porter) _portaient_ des vêtements qui les (protéger) _protégeaient_ des pires froids.
• Ils (mettre) _mettaient_ des bottes et des moufles que les femmes (décorer) _décoraient_ de franges et de broderies.
• La mer (fournir) _fournissait_ la plupart de leurs aliments.

3 Complète ces phrases avec et ou est. **5 SOS**

• Le chasseur attelle ses chiens au traîneau _et_ se prépare à partir.
• C'_est_ l'été _et_ le soleil ne disparaîtra pas, même la nuit.
• Peut-être verra-t-il une ourse _et_ son petit ?
• Il _est_ prudent _et_ prendra garde de ne pas les déranger !

SA PEAU...

Devinette

Quel autre terme désignant les Inuits a donné son nom à une glace ?

Réponse : l'Esquimau (ou Eskimo).

MATHS

4 Calcule chacune de ces opérations puis colorie cette scène au pays des Esquimaux en fonction des résultats. 26 27 28 29 SOS

9,15 + 4,20 = _13,35_ (jaune)

25,40 − 13,90 = _11,50_ (orange)

13,3 × 3 = _39,9_ (marron)

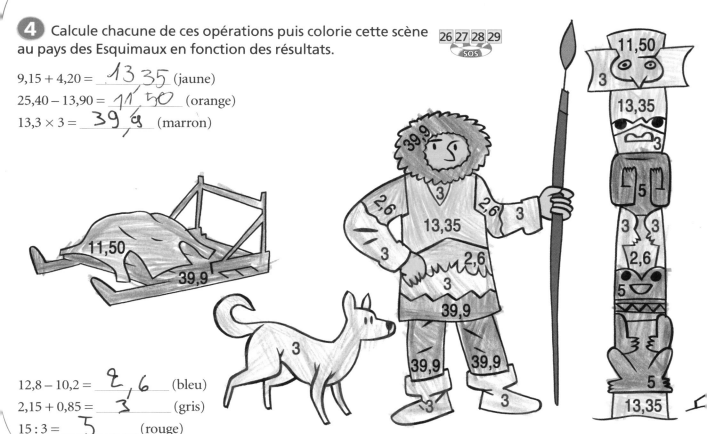

12,8 − 10,2 = _2,6_ (bleu)

2,15 + 0,85 = _3_ (gris)

15 : 3 = _5_ (rouge)

SCIENCES

5 Une peau bien fragile !

Complète ce texte sur les phénomènes terrestres avec les mots ou expressions suivants :

montagnes – magma – éruptions volcaniques – croûte terrestre – plaques – séismes

La _croûte terrestre_ est formée de _plaques_ qui se déplacent sur le _magma_ de roche fondue. Quand ces plaques s'écartent, se cognent ou passent l'une en dessous de l'autre, cela provoque des _séismes_, des _éruptions volcaniques_ ou fait naître des _montagnes_ !

ALIMENTAIRE,

I NTRODUITE EN FRANCE SOUS LOUIS XVI, la pomme de terre déplut aux Français qui la réservèrent, même en période de famine, à la nourriture des cochons car elle appartenait à la famille des solanacées qui comporte plusieurs plantes vénéneuses. Heureusement, Antoine Parmentier effectua des recherches qui innocentèrent la pomme de terre. Puis il employa la ruse afin de la faire adopter. Il fit surveiller une récolte par des gardes, mais seulement le jour pour laisser les paysans voler les pommes de terre la nuit : ce légume devait être extraordinaire puisqu'on le faisait garder par des troupes !

1 Vrai ou faux ?

	Vrai	Faux
A. La pomme de terre appartient à la famille des solanacées.	☒	☐
B. Cette famille ne comporte que des plantes comestibles.	☐	☒

	Vrai	Faux
C. La pomme de terre fut introduite en France au XVIIIᵉ siècle.	☐	☒
D. Parmentier fit garder sa récolte la nuit.	☒	☐

FRANÇAIS

2 De vrais gloutons 21 SOS

Choisis un synonyme du verbe avaler et conjugue-le au passé simple.

grignoter – engloutir – absorber – dévorer – manger

- Le cochon _engloutit_ rapidement ses pommes de terre.
- Les lionnes affamées _dévorèrent_ la gazelle.
- Nous _mangeâmes_ avec appétit les plats qu'on nous servait.
- Je _grignotai_ un croûton de pain avant de partir.
- Heureusement, la terre _absorba_ les pluies torrentielles.

3 D'accord ou pas ? 4 6 17 SOS

Accorde l'adjectif épithète si nécessaire.

- Les pommes de terre sauté_____ sont nos légumes préféré_____.
- J'aime les frites croustillant_____ et doré_____.
- Ma petit_____ sœur fait toujours un volcan dans sa purée épais_____.
- Le jus d'un rôti cuit_____ se marie bien avec les haricots vert_____.

MATHS

4 Trouve les nombres décimaux qui correspondent à ces fractions et colorie le nombre de parts. 25 31 SOS

$\frac{1}{4} = 0,25$

$\frac{2}{4} =$ 0 50

$\frac{3}{4} =$ 0 7 5

$\frac{4}{4} =$

$\frac{1}{2} =$ 0,5

$\frac{2}{2} =$ 1

$\frac{3}{2} =$ 1,5

5 Complète ces tableaux qui indiquent le nombre de litres de lait nécessaires à la fabrication de deux fromages. 30 SOS

Lait (en litres)	Camembert (nombre de)
2	1
20	10
6	3
52	26
200	100

x2

Lait (en litres)	Emmental (en kg)
	0,5
10	1
	5
55	
	55

x10

Messages codés

Nu tiurf tse nu enagro iuq tneitnoc sed seniarg.
Al etamot, el tocirah te al ettegruoc tnos sed stiurf !

Réponses : Un fruit est un organe qui contient des graines.
La tomate, le haricot et la courgette sont des fruits !

SCIENCES

6 Le système digestif

Retrouve la légende de ce schéma.

 langue

 estomac

 pancréas

 anus

 gros intestin (côlon)

E œsophage

A foie

B intestin grêle

C appendice

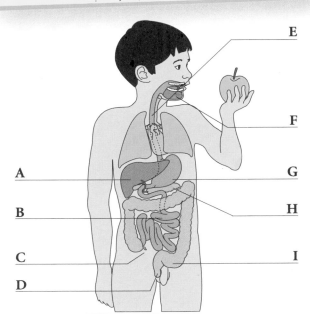

E
F
A
G
B
H
C
I
D

JEUX

SUR LEURS TRACES

1. À qui appartiennent ces empreintes fossilisées ?
2. Animal ou végétal ? Entoure la bonne réponse.

VÉGÉTAL OU ANIMAL ?

_____

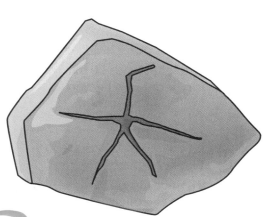

VÉGÉTAL OU ANIMAL ?

_____

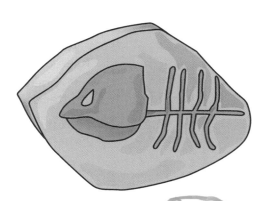

VÉGÉTAL OU ANIMAL ?

_____

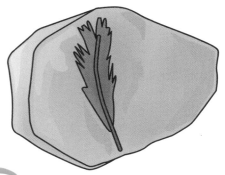

VÉGÉTAL OU ANIMAL ?

_____

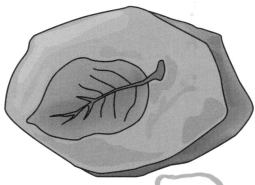

VÉGÉTAL OU ANIMAL ?

_____

DE PISTE

Bricolage

IL TE FAUT :

- ✗ du plâtre
- ✗ des boîtes de camembert
- ✗ 1 pinceau
- ✗ de l'huile

LA PRISE D'EMPREINTE PAS À PAS

L'EMPREINTE EN NÉGATIF

1. Pour obtenir une belle empreinte, appuie fortement ta main (ou un objet) dans de la terre humide.

2. Encercle l'empreinte avec la bordure d'un couvercle de camembert.

3. Mélange le plâtre avec de l'eau pour obtenir une crème épaisse.

4. Verse ce mélange sur l'empreinte et attends 20 minutes avant de démouler. Tu as maintenant un négatif de l'empreinte !

L'EMPREINTE EN POSITIF

5. Prépare un mélange de plâtre et d'eau et fais-le couler dans une boîte de camembert. Ne la remplis qu'à moitié.

6. Avec un pinceau, huile le plâtre négatif que tu as obtenu. Tu empêcheras ainsi le plâtre liquide de coller.

7. Plonge ton empreinte dans le plâtre liquide et attends 20 minutes.

À présent, tu as un positif et un négatif. Tu peux les nettoyer, les peindre et noter à quoi ces empreintes correspondent…

info

● Qu'est-ce qu'un fossile ?
Un fossile est le reste (coquille, os, dent, graine, feuille…) ou l'empreinte d'un animal ou d'un végétal conservé dans de la roche. Ces fossiles nous ont apporté des témoignages parfois vieux de plus de 3 milliards d'années…

LE JEU DES PATTES

Relie chaque nom d'animal à la trace qui lui appartient.

A   B   C   D   E

1. cerf   2. chat   3. rat   4. chien   5. ours

astuce

Pour faire une fiche d'empreintes digitales :

1. Sur une feuille cartonnée, écris ton nom, colle ta photo et trace en dessous un tableau de 2×5 cases.

2. Pose tes doigts sur une éponge imbibée d'encre noire, puis sur les cases de la feuille cartonnée.

Solution des jeux, p. 8 des corrigés.

LA BELLE

La Terre doit son surnom de « planète bleue » à l'abondance de l'eau. Mais l'eau potable reste un bien rare. En comparaison, si l'eau de mer (mers et océans) tenait dans un seau, l'eau douce gelée des Pôles et des glaciers ne remplirait qu'une tasse à café et l'eau douce des lacs, des rivières et des nappes souterraines tiendrait dans une cuillère !

La quantité d'eau sur Terre ne varie pas : l'eau, qui suit un cycle perpétuel, est donc la même depuis le début. Ainsi peut-on imaginer que l'eau que tu es en train de boire, un homme préhistorique l'a bue avant toi !

1 Mots fléchés

1. Vaste étendue d'eau salée.
2. Étendue d'eau douce.
3. Nom de chaque extrémité de la Terre.
4. Transformé en glace.
5. Couleur de notre planète.
6. Qualifie l'eau qui n'est pas salée.

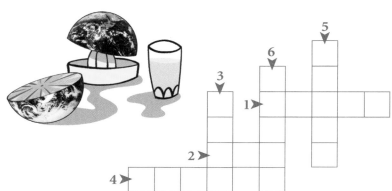

FRANÇAIS

2 Souligne le COD dans chaque phrase et remplace-le par un pronom personnel.

• On remplace <u>le pétrole et le charbon</u> par d'autres sources d'énergie.

→ On les remplace par d'autres sources d'énergie.

• On capte l'énergie solaire dans les régions chaudes.

→ _____

• En Islande, les sources d'eau chaude remplacent le chauffage.

→ _____

• On étudie aussi la force des vagues.

→ _____

• De nombreux pays installent des éoliennes.

→ _____

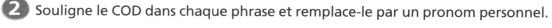

BLEUE...

Devinette

Combien de temps faut-il pour qu'un sac en plastique se décompose ?

a. 15 ans.   b. 150 ans.   c. 450 ans.

Réponse : c.

MATHS

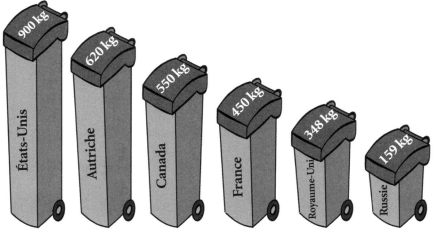

- États-Unis : 900 kg
- Autriche : 620 kg
- Canada : 550 kg
- France : 450 kg
- Royaume-Uni : 348 kg
- Russie : 159 kg

3 Calcule, en tonnes, la masse de déchets que produirait un habitant de chacun de ces pays pendant 10 ans.

`28  37  SOS`

Exemple :
États-Unis
900 × 10
= 9 000 kg
= 9 t

Autriche _____

Canada _____

France _____

Royaume-Uni _____

Russie _____

4 Convertis ces mesures dans l'unité indiquée.

3 t 145 kg = _____ kg

2 kg 125 g = _____ g

13 hg 5 g = _____ g

2 400 mg = _____ g

1,325 g = _____ mg

4 g 500 mg = _____ mg

4 567 kg = _____ t

170 kg = _____ t

INSTRUCTION CIVIQUE

5 Les parcs nationaux de France ont imaginé des pictogrammes nous rappelant comment protéger la nature : à toi de les légender !

 Camping interdit

 (A) _____

 (B) _____

 (C) _____

 (D) _____

 (E) _____

 (F) _____

Soleil géant

Dans les îles Célèbes, en Extrême-Orient, on dit qu'il fut un temps où ni la Lune ni les étoiles n'existaient. Il n'y avait qu'un Soleil énorme, tellement grand et proche de la Terre qu'il régnait sur cette dernière une chaleur intolérable*. Alors un courageux chasseur prit sa sarbacane*, y plaça sa flèche la plus robuste et la lança avec une telle force contre l'astre que celui-ci se brisa au milieu d'une gerbe d'étincelles ! Il vola en éclats : le plus gros devint la Lune, les autres se dispersèrent dans le ciel et devinrent les étoiles...

Pini Carpi, *Le Livre de l'espace*, © Atlas, Paris, 1992.

* intolérable : insupportable.
* sarbacane : tuyau avec lequel on lance des flèches en soufflant.

1 Mots fléchés

Complète cette grille avec des mots du texte.

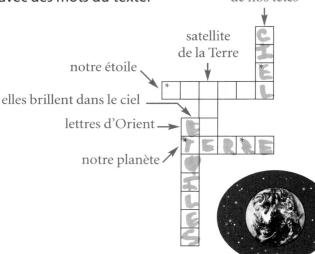

au-dessus de nos têtes

satellite de la Terre

notre étoile

elles brillent dans le ciel

lettres d'Orient

notre planète

Avec les lettres suivies d'une étoile, tu trouveras la réponse à la définition suivante :
« Corps qui se déplace dans le ciel. »

A	.	.	.	.

Charade

Mon premier est le contraire de *petite*.
Mon second est la femelle de l'ours.
Mon tout est une constellation que tu peux voir l'été par nuit claire et qui ressemble à une casserole !

Réponse : la Grande Ourse.

2 Conjugue au futur de l'indicatif les verbes entre parenthèses.

- Je (regarder) regarderai le ciel tous les soirs.
- Tu n' (oublier) _____ pas tes jumelles !
- Dans quelques siècles, les Terriens (aller) _____ peut-être en croisière dans l'espace.
- La navette spatiale (atterrir) _____ demain matin.
- Nous ne (voir) _____ pas les étoiles si le ciel se couvre.
- Quand (revenir) _____ le Soleil ?

LE COIN DES PARENTS
et tous les corrigés

À quoi sert un cahier Passeport ?

La cahier **Passeport** est à la fois un outil de révision et de découverte. Un outil de révision grâce aux 16 séquences, où votre enfant aborde systématiquement des activités progressives de français et de maths, mais aussi, en alternance, des activités d'histoire, de géographie, de sciences, d'éducation civique et d'anglais. Un outil de découverte à travers les thèmes abordés et les 4 doubles pages d'activités. **Passeport**, c'est aussi un cahier central de conseils pratiques et de corrigés pour les parents et un aide-mémoire en fin d'ouvrage, qui permet, grâce aux bouées placées à côté des exercices, de trouver la règle et l'exemple qui pourront aider l'enfant à les faire. Aéré, illustré, sérieux et ludique, le cahier **Passeport** est l'outil indispensable de tous les enfants, qui permet d'assurer le lien entre l'année écoulée et la rentrée prochaine.

Votre enfant doit apprendre à être l'acteur de son propre travail.

Qu'attend-on d'un futur élève de CM2 ?

Votre enfant se dirige vers le CM2, dernière marche avant l'entrée en 6e. Outre les savoirs et les acquis nécessaires à une bonne adaptation au collège, on attend de lui davantage d'autonomie, de concentration et de méthode. Votre enfant doit apprendre à être l'acteur de son propre travail : savoir lire une consigne, travailler seul, consulter si nécessaire l'aide-mémoire en fin de cahier, et vous demander de l'aide en cas de difficulté.

L'ÉDITO DES AUTEURS

Le temps des vacances, véritable pause dans la vie quotidienne de votre enfant, est un moment privilégié pour se retrouver. Partagez avec lui des découvertes, des lectures « plaisir ». Faites-lui oublier les soucis de l'année, les difficultés qu'il a pu connaître et optimisez l'avenir. Mais le temps des vacances est long et source de déperdition des savoirs, même pour de bons élèves. Dans cette optique, Passeport est un excellent « coup de pouce » pour consolider des notions étudiées tout au long de l'année.

Comment utiliser son cahier efficacement ?

Les 16 séquences suivent le programme de CM1, mais si votre enfant préfère commencer par la fin ou par un thème en particulier, laissez-le faire ! De même, dans la double page, il peut démarrer par l'activité qui lui semble la plus facile. Commencer une page par ce qu'il sait le mieux rendra votre enfant satisfait de sa performance et lui permettra d'oser se lancer sur ce qu'il maîtrise moins. Vérifiez son travail en valorisant ses efforts, même si vous remarquez des erreurs : vous pourrez revenir aux exercices qui « n'ont pas marché » à un autre moment.

Aidez-vous des rappels de cours de l'aide-mémoire...

À quel rythme utiliser son cahier ?

Le cahier de vacances ne doit jamais être une corvée. Votre enfant y travaillera à son rythme et aussi en fonction de l'organisation familiale. Néanmoins, il est conseillé d'acheter ce cahier au début des vacances et de le faire tranquillement, à raison de 2 à 3 séquences par semaine, d'une trentaine de minutes chacune. Vous pouvez décider avec lui d'un moment privilégié dans la journée, en alternance avec des activités de plein air. Mais surtout n'en faites jamais une contrainte…

Que proposent les conseils dans les corrigés ?

Les conseils qui accompagnent les corrigés ont pour but de vous donner des indices, des pistes qui permettront à votre enfant de terminer ses exercices.
Ils proposent également des explications sur les mots qui pourraient s'avérer difficiles.

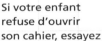

Que faire face à un refus de travailler ?

Si votre enfant refuse d'ouvrir son cahier, essayez de l'y amener par le biais des pages d'activités. Celles-ci, tournées vers le jeu, peuvent l'encourager à découvrir ensuite les pages plus scolaires. **Faites un jeu de chaque exercice :** demandez-lui, par exemple, de vous expliquer la consigne. S'il éprouve des difficultés, montrez-lui comment faire en vous aidant d'un exemple. Vous pouvez aussi vous aider des quelques conseils donnés dans les corrigés et des rappels de cours de l'aide-mémoire. Enfin, pour ne pas décourager votre enfant, **préférez de toutes petites séquences** (le temps d'un exercice, par exemple) mais davantage réparties dans la semaine.

À quoi servent les pages d'activités ?

Ces pages sont des respirations ludiques et actives, destinées à rassembler toute la famille autour d'un jeu, d'une recette ou d'une activité de bricolage. Elles peuvent aussi amener un enfant en difficulté à adopter son cahier de vacances et à se plonger avec davantage de plaisir dans les exercices de français et de maths !

Tous ces conseils sont indicatifs : surtout ne culpabilisez pas si vous remarquez des erreurs dans les réponses de votre enfant. Et si vous voyez qu'il n'est pas « mûr » pour une matière, n'insistez pas. Le programme du CM1 est assez lourd et sera revu, de toute façon, en CM2. Par-dessus tout, nous vous souhaitons une agréable lecture et de bonnes vacances !

1. AU PIED DE L'ÉLÉPHANT ! .... p. 6

Compréhension du texte

❶ • Ils vont pratiquer l'**escalade**.
• **Pierre**, le moniteur, les rassure.
• Ils observent les **failles** de la roche…
• Les trois accessoires sont : le **harnais**, les **mousquetons**, la **corde de rappel**.

> Faites lire le texte silencieusement. Quand votre enfant est prêt, demandez-lui de répondre aux questions par des phrases utilisant des mots du texte. S'il ne trouve pas la réponse, faites-lui relire le texte à haute voix.

Français

❷ • Pour leur sécurité, tous ces jeunes grimpeurs **utilisent** un baudrier qui **enserre** la taille…
• Le mousqueton **est** un anneau de métal qui **permet** de faire glisser la corde.
• Ainsi, les enfants **glissent** sans peur…

> Pour chaque verbe à conjuguer, demandez à votre enfant à quel groupe il appartient : cela l'aidera à trouver la terminaison qui convient. N'hésitez pas à consulter avec lui l'aide-mémoire : le verbe *permettre* est difficile ; il se conjugue sur le modèle de *mettre* (3ᵉ groupe).

❸ • **Le sapin** conserve ses aiguilles toute l'année, alors que **celles du mélèze** jaunissent…
• **Les forêts** sont le refuge…
• **L'accro-branches** permet d'en rencontrer un grand nombre. **On** peut ainsi écouter…

> Il faut bien observer les terminaisons des verbes avant d'écrire le sujet qui convient puis se relire pour voir si le sens de la phrase est correct.

Mathématiques

❹
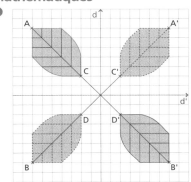

> Dans cet exercice de symétrie, votre enfant doit compter autant de carreaux de part et d'autre de l'axe de symétrie pour compléter les feuilles.

❺ Maman et les jumeaux : 10 + (2 × 8) = 26 €.
Enzo et papa : 2 × 18 = 36 €.€
Au total, la famille paiera **62** (26 + 36) euros.

> Si votre enfant éprouve des difficultés à faire ce problème, demandez-lui combien de membres comporte cette famille et, parmi eux, combien ont plus de 12 ans et combien ont moins de 12 ans.

Anglais

❻

They're **hungry**. They're **asleep**. She's **thirsty**.

---

2. LE MACAREUX MOINE .... p. 8

Compréhension du texte

❶

> Faites bien lire le texte avant de compléter les mots fléchés. Il faut que votre enfant repère le mot dans le texte avant de l'écrire dans la grille.

Français

❷ Les bateaux à voiles sont rentrés pour se mettre à l'abri. / Le marin a renoncé à prendre la mer. / Toute la journée, la tempête a soufflé et a obligé les estivants à rester enfermés.

> Faites systématiquement remplacer *a* ou *à* par *avait*. « Les bateaux [avait] voiles… » : le remplacement ne fonctionne pas ; on écrit *à*. « La tempête [avait] soufflé… » : le remplacement est correct ; on écrit *a*.

❸ Mouvement de la mer montante ou descendante : **la marée**. / Homme de mer : **le marin**. / Colline de sable située en bord de mer : **la dune maritime**. / Obtenu par évaporation de l'eau de mer : **le sel marin**.

Mathématiques

❹

56 + 30 = **86** / 30 + 42 = **72** /
430 + 12 = **442** / 40 + **12** = 52 /
140 + **500** = 640 / 350 + **100** = 450

> Demandez à votre enfant quel est, pour chaque nombre, le chiffre des unités, celui des dizaines et celui des centaines.
> Pour les trois premiers calculs, il s'agit d'une simple addition ; pour les trois derniers calculs, demandez à votre enfant d'aller du nombre de départ (par exemple, 40) au nombre d'arrivée (52) en repérant s'il faut rajouter des unités ou des dizaines.

❺ (2 × 3) + (4 : 2) + (2,5 × 3) = 6 + 2 + 7,5 = 15,5
Ils dépensent **15,50 €**.
20 − 15,50 = 4,50
Le poissonnier leur rend **4,50 €**.

Géographie

❻
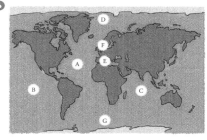

---

3. MAUDIT CORSAIRE ! .... p. 10

Compréhension du texte

❶ • Jean Bart commence à **23 ans**.
• On le reconnaît à **sa pipe**.
• Il pille en **mer du Nord**.
• Il est recherché par les **Anglais** et les **Hollandais**.

> Pour l'âge de Jean Bart, il faut calculer la différence entre 1650, date de sa naissance, et 1673, date où il commence le métier de corsaire : 1673 − 1650 = 23.
> En effet, Jean Bart est recherché car il a pillé des navires anglais et hollandais pour alimenter le peuple de Paris !

❷ • Ville natale : **Dunkerque**.
• Pays d'origine : **France**.

Français

❸ **Où** est né ce corsaire ? Il est né à Dunkerque **où** il est considéré comme un héros. Il a été fait prisonnier à Plymouth **où** il fut jeté au cachot. **Où** a-t-il été vu la dernière fois : enchaîné à un mât **ou** ramant à bord d'un canot ?

> Faites rechercher les phrases dans lesquelles *où* indique un lieu : on écrit *où*. Faites repérer la phrase dans laquelle *ou* indique un choix : on écrit *ou* car on peut le remplacer par *ou bien*.

❹ le prince → **la princesse**
un Anglais → **une Anglaise**
le navigateur → **la navigatrice**
un Parisien → **une Parisienne**
son cuisinier → **sa cuisinière**

Corrigés

❺ le bateau → **les bateaux**
un amiral → **des amiraux**
la bataille → **les batailles**
un mât → **des mâts**
ce canon → **ces canons**

> Rappelez que les noms en *-eau* s'écrivent *-eaux* au pluriel et que les noms en *-al* s'écrivent *-aux* au pluriel.

Mathématiques

❻

❼
• Périmètre de la voile : $(12 + 9) \times 2 = 21 \times 2 = $ **42 m**.
• Aire de la voile : $12 \times 9 = $ **108 m²**.

> Ne pas confondre le périmètre, qui est le contour d'une figure, et l'aire, qui est une surface ! N'hésitez pas à proposer à votre enfant d'utiliser une feuille de brouillon pour reproduire le dessin de la voile et ainsi mieux repérer la longueur et la largeur de la voile.

Histoire

❽ • **Magellan** fait le tour du monde et donne son nom à un détroit (1519-1521).
• **Jacques Cartier** aborde au Canada (1534-1535).
• **Christophe Colomb** découvre l'Amérique (1492).
• **Vasco de Gama** atteint l'Inde par le cap de Bonne-Espérance (1498).

4. L'HOMME ET LE FEU .... p. 12

Compréhension du texte

❶ • L'*Homo erectus* obtient le feu par le **frottement de morceaux de bois** ou par la **frappe de silex**.
• Il conserve le feu dans des **foyers de pierres**.
• Son combustible est le **bois** et, quand celui-ci manque, l'**os**.

> Faites lire attentivement le texte ainsi que les notes avant de cocher les réponses. Expliquez si nécessaire le vocabulaire inconnu par des périphrases du type : « Le foyer est l'endroit où on allume le feu ; l'épieu est une longue pointe de bois durcie au feu. »

Français

❷ • Les hommes **mettent** / Le feu **prend** / Les éléphants affolés **vont** / Les chasseurs **brandissent** leurs épieux et les **lancent**.

> Demandez à votre enfant le groupe de chaque verbe avant qu'il ne le conjugue. *Mettre*, *prendre* et *aller* sont des verbes du 3ᵉ groupe, plus difficiles. N'hésitez pas à lui suggérer de consulter l'aide-mémoire.

❸ • En France, on trouve tous les ans de nombreux vestiges préhistoriques.
• La grotte de Lascaux a été découverte en Dordogne en 1940.
• Sur ses parois, au Paléolithique, 17 000 ans auparavant, les premiers artistes ont dessiné plus de 600 animaux.

> Faites repérer le sujet et le verbe de chaque phrase avant de chercher les compléments circonstanciels (en bleu pour les lieux, en rouge pour le temps). Il est facile ensuite de poser les questions : « Quand ? Où ? »

Mathématiques

❹ vingt mille = **20 000**
trois cent mille = **300 000**
cinq cent cinquante mille = **550 000**
trente-trois mille = **33 000**
quatre cent quarante mille = **440 000**
huit millions = **8 000 000**
trente-cinq millions = **35 000 000**

> Il ne faut pas oublier l'espace entre la classe des unités simples, la classe des unités de mille et la classe des unités de millions.

❺

Histoire

❻ • **Préhistoire** / l'homme de Tautavel / Lascaux.
• **Antiquité** / Jules César / Rome.
• **Moyen Âge** / Saint Louis / Jérusalem.
• **Renaissance** / François Iᵉʳ / Le château de Chambord.
• **Absolutisme** / Louis XIV / Versailles.

5. UNE MAISON SPATIALE ! .... p. 16

Compréhension du texte

❶ Durée : **13 ans**. / Station internationale parce que **15 pays** participent à son assemblage. / Va servir à abriter **différents laboratoires scientifiques**. / Nom du premier ATV : **le *Jules Verne***.

> Faites lire attentivement le texte à votre enfant, d'abord silencieusement puis à voix haute. Expliquez-lui le sens des mots difficiles, s'il vous le demande.
> La gravité, c'est la force d'attraction de la planète Terre. Loin de la Terre, il n'y a plus de gravité – raison pour laquelle les astronautes flottent !

Français

❷ • un espace **immense** – des étendues immense**s**
• un vaisseau **spatial** – des stations spatial**es**
• un sommet **élevé** – une altitude élevé**e**
• un **nouvel** élément – de nouv**eaux** matériels

> Les adjectifs en *-al* ne doublent pas leur *l* au féminin.

❸ • haut → **la hauteur**
• immense → **l'immensité**
• nouveau → **la nouveauté**
• scientifique → **la science**
• lancé → **le lancement**
• construit → **la construction**
• assemblé → **l'assemblage**
• prévu → **la prévision**

> Les noms en *-té* ne prennent pas de e final !

Mathématiques

❹ Résultats, de haut en bas et de gauche à droite :
$90 : 2 = $ **45** / 1 600 cm = **16 m** / $5 \times 90 = $ **450 t** / $4 \times 100\,000$ m = 400 000 m = **400 km** / $32 \times 11 = $ **352 m²** / $20 \times 100 = $ **2 000** / 2 000 m = **2 km** / $(2 \times 13) \times 2 = 26 \times 2 = $ **52** / 7,4 dam = **74 m** / 10 dizaines 8 unités = **108 m**.

Géographie

❺ Dans l'ordre, les pays et leur capitale : Canada – Ottawa / États-Unis – Washington DC / Russie – Moscou / Japon – Tokyo / Belgique – Bruxelles / Danemark – Copenhague / France – Paris / Allemagne – Berlin / Italie – Rome / Pays-Bas – Amsterdam / Norvège – Oslo / Espagne – Madrid / Suède – Stockholm / Suisse – Berne / Royaume-Uni – Londres.

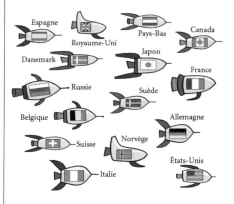

> Voilà de quoi faire réviser toute la famille !

6. ILS FONT DES STOCKS... .... p. 18

Compréhension du texte

❶

Expliquez à votre enfant les mots qu'il juge difficiles :
– Les abajoues sont des sortes de poches que les rongeurs possèdent à l'intérieur des joues et qui leur servent à mettre des aliments en réserve.
– *Hiberner* signifie « qu'on passe l'hiver endormi ».
Demandez à votre enfant de répondre par des phrases utilisant des mots du texte ou de la question.

• Le léopard **monte** les restes de ses repas dans un arbre, pour que **les chacals et les hyènes ne les mangent pas**.
• Le hamster peut avaler **100 grammes** de graines.
• Le renard enterre sa nourriture **dans plusieurs cachettes**.
• **Le hamster** fait des réserves pour l'hiver.

On explique que le hamster attend le moment où il hibernera pour les consommer.

Français

❷ **ne** joue **pas**, il **ne** court **pas** / se déplacent **toujours** / **n'**émet **pas** de sons

Le contraire de *jamais* est bien sûr *toujours*.
À la forme négative, *des* devient *de* ou *d'*.

❸ **Obéissons** aux règlements de l'ONF.
Soulevez les pierres avec précaution !
Replacez-les délicatement au même endroit.
Ne **dérange** pas les oiseaux qui nichent.
Respecte la nature.

Contrairement au présent de l'indicatif, la 2e personne du singulier des verbes du 1er groupe au présent de l'impératif ne prend pas de *s* : *Tu respectes* (présent de l'indicatif) mais *Respecte* (présent de l'impératif).

Mathématiques

❹

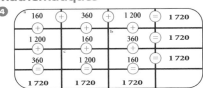

160	⊕	360	⊕	1 200	⊜	1 720
⊕		⊕		⊕		
1 200	⊕	160	⊕	360	⊜	1 720
⊕		⊕		⊕		
360	⊕	1 200	⊕	160	⊜	1 720
⊜		⊜		⊜		
1 720		1 720		1 720		

$(2 \times 8) \times 10 = 16 \times 10 = \mathbf{160}$
$(18 \times 2) \times 10 = 36 \times 10 = \mathbf{360}$
$(3 \times 4) \times 100 = 12 \times 100 = \mathbf{1\ 200}$
$(50 \times 2) \times (3 \times 4) = 100 \times 12 = \mathbf{1\ 200}$
$(4 \times 4) \times 10 = 16 \times 10 = \mathbf{160}$
$(30 \times 2 \times 2) \times 10 = 120 \times 10 = \mathbf{1\ 200}$
$(9 \times 4) \times 10 = 36 \times 10 = \mathbf{360}$
$(2 \times 2 \times 4) \times 10 = 16 \times 10 = \mathbf{160}$
$(3 \times 3) \times 40 = 9 \times 40 = \mathbf{360}$

❺ • Au bout de 1 an : $2 \times 5 = \mathbf{10}$.
• Au bout de 12 ans : $10 \times 12 = \mathbf{120}$.
• $(10 \times 3) \times 10 = \mathbf{300}$.
Elles peuvent avoir 300 petits en 10 ans.

Anglais

❻

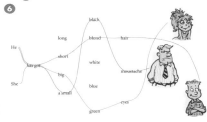

7. À L'AISE DANS SA PEAU... .... p. 20

Compréhension du texte

❶

L'enfant ne doit écrire le mot dans la grille que lorsqu'il en a repéré l'orthographe exacte dans le texte.

Français

❷ Les Inuits **portaient**… les **protégeaient** / Ils **mettaient** … que les femmes **décoraient** / La mer **fournissait** …

En cas de doute sur l'accord du verbe avec son sujet, faites remplacer le sujet par *il*, *ils*, *elle* ou *elles* : *Les Inuits = Ils*.

❸ • Le chasseur attelle ses chiens au traîneau **et** se prépare à partir.
• C'**est** l'été **et** le soleil ne disparaîtra pas…
• Peut-être verra-t-il une ourse **et** son petit ?
• Il **est** prudent **et** prendra garde…

Essayez systématiquement de remplacer *et* ou *est* par *était* ou par *et puis*. Si cela fonctionne avec *était*, on écrit *est* ; si cela fonctionne avec *et puis*, on écrit *et*.

Mathématiques

❹ Résultats : $9,15 + 4,20 = \mathbf{13,35}$ (jaune)
$25,40 - 13,90 = \mathbf{11,50}$ (orange)
$13,3 \times 3 = \mathbf{39,9}$ (marron)
$12,8 - 10,2 = \mathbf{2,6}$ (bleu)
$2,15 + 0,85 = \mathbf{3}$ (gris)
$15 : 3 = \mathbf{5}$ (rouge)

Sciences

❺ La **croûte terrestre** est formée de **plaques** qui se déplacent sur le **magma** de roche fondue. Quand ces plaques s'écartent, se cognent ou passent l'une en dessous de l'autre, cela provoque des **éruptions volcaniques**, des **séismes**, ou fait naître des **montagnes** !

8. ALIMENTAIRE, MON CHER WATSON ! .... p. 22

Compréhension du texte

❶ A. Vrai – B. Faux (elle comporte des plantes vénéneuses) – C. Vrai – D. Faux (seulement le jour).

Louis XVI fut le dernier roi du XVIIIe siècle.

Français

❷ Le cochon **engloutit** (absorba – dévora) / Les lionnes affamées **dévorèrent** (engloutirent) / Nous **mangeâmes** (engloutîmes – dévorâmes – absorbâmes) / Je **grignotai** (j'absorbai – mangeai) / la terre **absorba** (engloutit)

Le passé simple étant un temps difficile et nouvellement acquis en CM1, n'hésitez pas à consulter l'aide-mémoire avec votre enfant.
Au 1er groupe, il ne faut pas confondre la terminaison de la 1re personne du singulier de l'imparfait *(je grignotais)* et celle de la 1re personne du singulier du passé simple *(je grignotai)*.

❸ • Les pommes de terre sautées sont nos légumes préférés.
• J'aime les frites croustillantes et dorées.
• Ma petite sœur fait toujours un volcan dans sa purée épaisse.
• Le jus de rôti cuit se marie bien avec les haricots verts.

Dans cet exercice, il faut repérer le nom auquel l'adjectif se rapporte, puis déterminer le genre (masculin ou féminin) et le nombre (singulier ou pluriel) de ce nom pour trouver l'accord : *Les pommes de terre sautées* (nom et adjectif au féminin pluriel).

Corrigés

Mathématiques

④ Les équivalences sont :

$\dfrac{2}{4} = 0,5$ $\dfrac{3}{4} = 0,75$

$\dfrac{4}{4} = 1$ $\dfrac{1}{2} = 0,5$

$\dfrac{2}{2} = 1$

$\dfrac{3}{2} = 1,5$

⑤

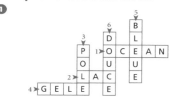

Lait (en litres)	Camembert (nombre de)
2	1
20	**10**
6	3
52	26
200	100

Lait (en litres)	Emmental (en kg)
5	0,5
10	1
50	5
55	**5,5**
550	55

Sciences

⑥ A : Foie / B : Intestin grêle / C : Appendice / D : Anus / E : œsophage / F : Langue / G : Estomac / H : Pancréas / I : Gros intestin.

9. LA BELLE BLEUE... .... p. 26

Compréhension du texte

❶

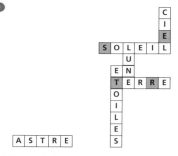

Il faut bien lire le texte avant de compléter les mots fléchés : votre enfant doit trouver le mot dans le texte avant de l'écrire dans la grille.

Français

❷ On souligne d'abord le COD dans les phrases :
• On capte l'énergie solaire dans les régions chaudes.
• En Islande, les sources d'eau chaude remplacent le chauffage.
• On étudie aussi la force des vagues.
• De nombreux pays installent des éoliennes.
On remplace ensuite le COD par un pronom personnel :
• On **la** capte dans les régions chaudes.
• En Islande, l'énergie du sous-sol **le** remplace.
• On **l'**étudie aussi.
• De nombreux pays **en** installent.

Dans la dernière phrase, il faut employer *en* car le COD qu'il remplace est *des éoliennes*. Si le COD avait été *les éoliennes*, nous aurions écrit : *De nombreux pays les installent.*

Mathématiques

❸ Pendant 10 ans, la production de déchets par habitant et par pays est :
• Autriche ➜ 620 × 10 = 6 200 kg = **6,2 t.**
• Canada ➜ 550 × 10 = 5 500 kg = **5,5 t.**
• France ➜ 450 × 10 = 4 500 kg = **4,5 t.**
• Royaume-Uni ➜ 348 × 10 = 3 480 kg = **3,48 t.**
• Russie ➜ 159 × 10 = 1 590 kg = **1,59 t.**

❹ 3 t 145 kg = **3 145** kg / 2 kg 125 g = **2 125** g
13 hg 5 g = **1 305** g / 2 400 mg = **2,4** g
1,325 g = **1 325** mg / 4 g 500 mg = **4 500** mg
4 567 kg = **4,567** t / 170 kg = **0,170** t

Instruction civique

❺ Voici les intitulés des panneaux des parcs nationaux : A : Ne pas allumer de feux. / B : Ne pas jeter ses détritus hors des poubelles. / C : Véhicules interdits. / D : Ne pas cueillir de plantes. / E : Tenir les animaux domestiques en laisse. / F : Éviter de faire du bruit.

10. DES... ASTRES ! .... p. 28

Compréhension du texte

❶

```
            C
            I
            E
  S O L E I L
    U
    N
  T E R R E
    O
    I
    L
    E
A S T R E   S
```

Demandez à votre enfant de lire attentivement le texte, sans oublier les petites notes marquées d'un astérisque sous le texte. Ce conte étant d'un niveau soutenu, demandez-lui de vous le raconter pour vous assurer de sa compréhension.

Français

❷ • Tu **n'oublieras** pas tes jumelles !
• Dans quelques siècles, les Terriens **iront** peut-être en croisière dans l'espace.
• La navette spatiale **atterrira** demain matin.
• Nous ne **verrons** pas les étoiles si le ciel se couvre.
• Quand **reviendra** le Soleil ?

Demandez à votre enfant de dire au préalable à quel groupe appartient le verbe.
Pour cet exercice, ne pas hésiter à consulter l'aide-mémoire : *oublier* se conjugue comme *crier*, *revenir* comme *venir*.

Mathématiques

❸ • 84 × 18 = 1 512.
Un Uranusien de 18 ans aurait sur Terre **1 512 ans**.
• 164 × 23 = 3 772.
Un Neptunien de 23 ans aurait sur Terre **3 772 ans**.
• 225 × 67 = 15 075.
Un Vénusien de 67 ans aurait **15 075 jours** (soit 41 ans et 110 jours).
• 88 × 14 = 1 232.
Un Mercurien de 14 ans aurait sur Terre **1 232 jours** (soit 3 ans et 137 jours).

Il faut à chaque fois multiplier la durée de la révolution de la planète (dans le tableau) par l'âge de l'habitant.

❹ • Planète Rose : 137 × 10 = **1 370 UA**.
• Planète Myosotis : 1 370 × 100 = **137 000 UA**.
• Planète Pétunia : 137 000 × 1 000 = **137 000 000 UA**.

Sciences

❺ C : astronome ➜ scientifique qui étudie les planètes et les étoiles.
A : astre ➜ corps qui se déplace dans le ciel.
D : astronef ➜ véhicule interplanétaire.
B : astronaute ➜ voyageur de l'espace.

Les mots *cosmonaute*, *astronaute*, *spationaute* et *taïkonaute* désignent des voyageurs de l'espace. Le mot *spationaute* a été créé dans les années 1980 dans un but d'harmonisation. En effet, l'*astronaute* désigne un spationaute américain, le *cosmonaute* un spationaute russe et le *taïkonaute* un spationaute chinois.

11. TOI, TOI, MON TOIT ! .... p. 30

Compréhension du texte

❶ • Le mont Blanc mesure environ **4 810 m**.
• On l'appelait la « **montagne maudite** ».
• **Jacques Balmat et Gabriel Paccard** atteignirent les premiers le sommet.
• Il fut vaincu le **8 août 1786**.

Votre enfant doit lire le texte dans sa tête avant de répondre aux questions. Le plus simple est qu'il s'aide des mots du texte et de la question.

Français

❷ • L'alpiniste atteint le sommet enneigé.
• Ce village montagnard paraît inaccessible.
• De hautes cheminées fument sur les toits de tuiles rouges.
• Le ciel est calme et limpide jusqu'en hiver.
• On voit souvent d'élégantes cigognes sur les toits alsaciens.

Rappel : les adjectifs qualificatifs épithètes sont en rouge et les adjectifs attributs du sujet en bleu. Un adjectif est épithète lorsqu'il est lié au mot ou au groupe de mots qu'il qualifie. Un adjectif est attribut lorsqu'il qualifie un mot ou un groupe de mots par l'intermédiaire d'un verbe d'état comme *être*, *paraître*, *sembler*, etc. Si votre enfant ne trouve pas les adjectifs, demandez-lui de chercher le(s) mot(s) qui qualifie(nt) le sommet, le village, les cheminées, les tuiles, le ciel, les cigognes et les toits.

❸ • auvergnate ➞ une ferme **d'Auvergne**
• préhistorique ➞ une grotte **de la préhistoire**
• médiéval ➞ un château **du Moyen Âge**
• égyptienne ➞ une pyramide **d'Égypte**

Mathématiques

❹ • Dépense quotidienne : 52 × 5 = **260 €.**
• Dépense hebdomadaire : 260 × 7 = **1 820 €.**
• Dépense totale du séjour : 1 820 + 76 = **1 896 €.**

Précisez à l'enfant que *quotidienne* signifie « par jour » et *hebdomadaire* signifie « par semaine ».

❺

Anglais

❻ Why are you **crying**? Because I'm **sad**.
Why are you **laughing**? Because I'm **enjoying myself**.
Why are you **eating**? Because I'm **hungry**.
Why are you **sleeping**? Because I'm **tired**.
Why are you **singing**? Because I'm **happy**.

12. C'EST DANS L'ASSIETTE ! .... p. 32

Compréhension du texte

❶

Ingrédients	Ustensiles
• tomate	• une cuiller
• mayonnaise	• un petit couteau
• œuf dur	• une moulinette
• persil ou ciboulette	• une paire de ciseaux

Faites lire attentivement la recette à votre enfant avant qu'il ne remplisse le tableau. Bien entendu, la scie de l'expression *en dents de scie* ne fait pas partie des ustensiles de cuisine ! Vous pouvez terminer cette leçon par la réalisation de la recette en famille...

Français

❷

	mélanger	pétrir
j'/je	j'ai mélangé	j'ai pétri
tu	tu as mélangé	tu as pétri
on	on a mélangé	on a pétri
elles	elles ont mélangé	elles ont pétri

	prendre	tomber
j'/je	j'ai pris	je suis tombé(e)
tu	tu as pris	tu es tombé(e)
on	on a pris	on est tombé
elles	elles ont pris	elles sont tombées

Votre enfant doit d'abord trouver le groupe du verbe. S'il a du mal à conjuguer, il peut consulter l'aide-mémoire : *prendre* se conjugue comme *comprendre*.

❸ COI : **à mouliner, à pétrir, à râper, à trancher.**
COS : **à mamie / nous.**

Mathématiques

❹ 120 : 3 = **40** g / 150 : 3 = **50** g / 150 : 2 = **75** g

En cas de difficulté, votre enfant peut s'aider des tables de multiplication.

❺

	4 personnes	8 personnes	12 personnes
125 g de chocolat		250 g	375 g
1/4 L		1/2 L	3/4 de litre de lait
50 g		100 g de beurre	150 g
60 g de sucre		120 g	180 g
3		6	9 œufs

Vous pouvez préparer le gâteau avec votre enfant pour l'aider à trouver les mesures ! Faites-lui chercher le rapport avec le nombre de personnes indiqué pour la recette : une recette pour 4 utilisera la moitié des ingrédients d'une recette pour 8 ; une recette pour 8 utilisera le double des ingrédients d'une recette pour 4...

Anglais

❻ chips (UK) = fries (US) = frites (F)
courgette (UK) = zucchini (US) = courgette (F)
crisps (UK) = chips (US) = chips (F)
sweets (UK) = candy (US) = bonbons (F)
aubergine (UK) = eggplant (US) = aubergine (F)
biscuit (UK) = cookie (US) = biscuit (F)

13. ALLÔ ! À L'EAU ! .... p. 36

Compréhension du texte

❶

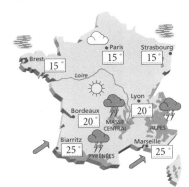

Français

❷ • froid ➞ **froide** ➞ froid**ement**
• clair ➞ **claire** ➞ clair**ement**
• rigoureux ➞ **rigoureuse** ➞ rigoureuse**ment**
• vif ➞ **vive** ➞ vive**ment**

Le féminin de *rigoureux* se forme comme celui d'*heureux (heureuse).*

❸ • Le **baromètre** ➞ la pression atmosphérique.
• Le **pluviomètre** ➞ les chutes de pluie.
• L'**anémomètre** ➞ la vitesse du vent.
• Le **thermomètre** ➞ la température.

Mathématiques

❹ L'unité qui convient est : 75 **cL** – 40 **L** – 10 **L** – 10 **mL** – 12 **cL** – 1 **daL** – 120 **mL** – 35 **dL**.

❺

```
  725 │ 5          1924 │ 4
 − 5  │145         −16   │481
   22              32
  −20             −32
   25              004
  −25              −4
    0               0

12714 │ 26        27048 │ 56
−104  │489        −224  │483
  231              464
 −208             −448
  234              168
 −234             −168
    0               0
```

Quand le quotient d'une division est exact, le reste est égal à 0.

❻ • 245 + 55 = 300
On utilise **300 litres** d'eau par jour.
• 31 × 2 = 62
Il y a **62 jours** de vacances.
• 300 × 62 = 18 600 litres = 186 hL.
La consommation totale d'eau pendant les vacances est de **186 hectolitres.**

Géographie

❼

14. DE DRÔLES D'ÉCRITURES .... p. 38

Compréhension du texte

❶ Le message signifie : **J'arriverai ce soir à 8 h 30.**

Même si la consigne n'implique pas de lire le texte, demandez à votre enfant de vous dire quand le morse a été inventé, par qui, et de quelle manière fonctionne le télégraphe. Il peut passer ensuite au déchiffrage du message codé.

Corrigés

Français

❷ • Laure a **décodé** le message.
• La conférence est **traduite** par un interprète.
• Les historiens ont **daté** les hiéroglyphes d'environ 3 000 ans avant notre ère.

> Bien faire repérer les auxiliaires (*être* ou *avoir*) avant de choisir la bonne solution.

❸ • La matière est l'**orthographe**. / La personne est le **photographe**. / Une petite partie est un **paragraphe**. / Un écrivain fait un **autographe**. / Le **télégraphe** permettait d'envoyer des messages.

Mathématiques

❹

	A	B	C	D
1	1	8	3	7
2	3	5	■	0
3	9	4	2	0
4	2	■	6	0

❺

A = 77	J = 95	S = 113
B = 79	K = 97	T = 115
C = 81	L = 99	U = 117
D = 83	M = 101	V = 119
E = 85	N = 103	W = 121
F = 87	O = 105	X = 123
G = 89	P = 107	Y = 125
H = 91	Q = 109	Z = 127
I = 93	R = 111	

Codage de SAMUEL MORSE : 113 / 77 / 101 / 117 / 85 / 99 – 101 / 105 / 111 / 113 / 85.

Histoire

❻ • Des hommes préhistoriques peignent sur les murs de la grotte vers **17000 av. J.-C.**
• Morse invente l'alphabet du même nom en **1837**.
• Gutenberg imprime la Bible en **1455**.
• Naissance de l'écriture vers **3000 av. J.-C.**
• Champollion déchiffre les hiéroglyphes en **1824**.

15. DANS LE VENTRE DE LA TERRE .... p. 40

Compréhension du texte

❶ • La Réunion est un **département français de l'océan Indien** (Département d'outre-mer).
• La lave, en touchant l'eau, provoque son **brusque réchauffement** et la **mort de nombreux poissons**.
• Le cratère Dolomieu **s'est effondré**.

> Votre enfant peut utiliser les mots du texte et des questions pour rédiger ses phrases.

Français

❷ Large → **étroit(e)** Lointain → **proche**
Rare → **fréquent(e)** Endormi → **éveillé**
Brûlant → **glacé** (**froid**, à la rigueur)
Sombre → **clair(e)** Rapide → **lent(e)**
Humide → **sec** (**sèche**) Faible → **fort(e)**
Diurne → **nocturne**

> Expliquez à votre enfant le sens du mot *diurne* : « qui dure le jour ».

❸ • Pour all**er** observ**er** des éruptions, les volcanologues Maurice et Katia Kraft ont escaladé…
• Certains volcans peuvent explos**er** ; le magma est alors pulvéris**é** et projet**é** à de grandes distances.
• Un raz-de-marée est souvent provoqu**é**…

> Si votre enfant ne parvient pas à compléter l'exercice, faites-lui remplacer chaque verbe par *prendre* ou *mettre* (pour l'infinitif) et par *pris* ou *mis* (pour le participe passé).

Mathématiques

❹ 54 : 9 = **6** / 24 : **6** = 4 / 36 : **4** = 9
72 : 12 = 6 / 81 : **9** = 9 / 20 : **10** = 2

❺ • Coût des visites guidées :
$(4 \times 3) + (2 \times 3) = 12 + 6 =$ **18 €**.
• Coût de la promenade en barque :
$(2,40 \times 3) + (1,20 \times 3) = 7,20 + 3,60 =$ **10,80 €**.
• Coût total : 18 + 10,80 = **28,80 €**.

> Expliquez à votre enfant que *le coût* signifie « le prix ». Demandez-lui combien de membres comporte cette famille et partagez-la en deux clans : ceux qui ont moins de 12 ans, ceux qui ont plus de 12 ans.

Anglais

❻

mountain – hill – river – volcano – plain – valley

16. AU CIRQUE... .... p. 42

Compréhension du texte

❶ A. Faux (2 bâtiments : les auberges et les églises) – B. Faux (« *Par les villages sans église* ») – C. Vrai – D. Vrai.

> Si votre enfant lit le poème à haute voix, faites-lui respecter les liaisons et l'articulation (les e muets se prononcent).

Français

❷ • Le clown, c'est un poète en action.
→ phrase **déclarative**
• Regarde-le faire toutes ses mimiques.
→ phrase **injonctive** ou **impérative**
• Va-t-il également jongler avec des quilles ?
→ phrase **interrogative**
• Comme il est drôle avec ses immenses chaussures ! → phrase **exclamative**
• Petits et grands rient et applaudissent de bon cœur. → phrase **déclarative**

> Faites repérer la ponctuation (point, point d'exclamation, point d'interrogation) puis le mode du verbe (indicatif ou impératif).

Mathématiques

❸ • Surface du chapiteau : 180 + 90 = **270 m²**.
• Surface des camions : $32 \times 4 =$ **128 m²**.
• Surface du cirque : 270 + 128 + 120 = **518 m²**.

❹

Figures : cercle, triangle (3 côtés), carré (4 côtés égaux et 4 angles droits), rectangle (4 côtés égaux deux à deux et 4 angles droits).

Géographie

❺

PAGES D'ACTIVITÉS

Des gestes pour la planète
• **Le tri sélectif** (p. 14)

• **Le jeu des bons gestes** (p. 15) : il fallait barrer les actions 1 et 4.

Jeux de piste
• **Sur leurs traces** (p. 24), de haut en bas : un moustique – une étoile de mer (ou astérie) – un poisson – une plume d'oiseau – une feuille d'arbre. Seule la feuille d'arbre est un végétal.
• **Le jeu des pattes** (p. 25) :
A,2 – B,5 – C,1– D,4 – E,3.

Le trésor des pirates
• **Le jeu de la fortune** (p. 35) :
$(5 \times 500) + (9 \times 200) + (9 \times 100) =$ 5 200 €.

Au pays du Soleil-Levant
• **Le jeu des objets et des spécialités** (p. 45) :
NEMS – MIKADO – KIMONO – FUTON – SUSHI – TAMAGOTCHI.
Les calligraphies représentées signifient, de haut en bas : dragon – amitié – tigre – singe – bouc.

ASTRES !

Bon anniversaire, papy !

Tu as fini ? Bravo !
10
Colle ici ton étoile récompense.

MATHS

3 Extra-terrestres

1	Mercure	88 j
2	Vénus	225 j
3	Terre	365 j
4	Mars	1 an 322 j
5	Jupiter	11 ans 318 j
6	Saturne	29 ans 175 j
7	Uranus	84 ans
8	Neptune	164 ans

Une année est le temps que met une planète à faire le tour du Soleil. L'année de la Terre dure ainsi 365 jours, tandis qu'une année d'Uranus dure 84 ans.

● Quel âge (en années) aurait sur Terre un Uranusien de 18 ans ?

$$\begin{array}{r} 84 \\ \times\ 18 \\ \hline \end{array}$$

$84 \times 18 =$ _____

● Quel âge (en années ou en jours) aurait sur Terre :

– un Neptunien de 23 ans ? _____

– un Vénusien de 67 ans ? _____

– un Mercurien de 14 ans ? _____

4 Imaginia, drôle de système solaire !

Dans le système Imaginia, la planète Primevère est à 137 unités astronomiques (UA) de son soleil.

La planète Rose est 10 fois plus loin que Primevère. _____

La planète Myosotis est 100 fois plus loin que Rose. _____

La planète Pétunia est 1 000 fois plus loin que Myosotis. _____

Calcule, en UA, les distances de ces planètes par rapport à leur soleil.

SCIENCES

5 Redonne à chaque dessin le nom et la définition qui lui correspondent.

◯ astronome ●   ● Corps qui se déplace dans le ciel.

◯ astre ●   ● Voyageur de l'espace.

◯ astronef ●   ● Scientifique qui étudie les planètes et les étoiles.

◯ astronaute ●   ● Véhicule interplanétaire.

D

A

B

C

À ENVIRON 4 810 M, le mont Blanc, plus haut sommet des Alpes, est le toit de l'Europe. Appelé « montagne maudite » au XVIe siècle, le mont Blanc représentait pour les bergers de la vallée de Chamonix un désert de rochers et de glaciers dangereux. Excepté pour quelques chasseurs de chamois et chercheurs de cristaux, il restera inaccessible jusqu'au 8 août 1786. C'est en effet ce jour-là que Jacques Balmat et Gabriel Paccard, relevant le défi lancé par Horace Bénédict de Saussure, atteignirent son sommet.

1 Réponds aux questions par une phrase.

• Combien mesure le mont Blanc ?

_____

• Comment appelait-on le mont Blanc au XVIe siècle ?

_____

• Quels alpinistes atteignirent les premiers le sommet ?

_____

• À quelle date le sommet du mont Blanc fut-il vaincu ?

_____

FRANÇAIS

2 Qualifiés !

Souligne les adjectifs qualificatifs épithètes en rouge et les adjectifs attributs du sujet en bleu.

• L'alpiniste atteint le sommet enneigé.

• Ce village montagnard paraît inaccessible.

• De hautes cheminées fument sur les toits de tuiles rouges.

• Le ciel est calme et limpide jusqu'en hiver.

• On voit souvent d'élégantes cigognes sur les toits alsaciens.

3 Un adjectif bien nommé

Transforme l'adjectif qualificatif épithète en complément du nom.

• un village montagnard → un village **de montagne**

• une ferme auvergnate

_____

• une grotte préhistorique

_____

• un château médiéval

_____

• une pyramide égyptienne

_____

MON TOIT !

MATHS

4 L'été à la montagne

Une famille de 5 personnes part en vacances à la montagne pour une semaine. Elle dépense 52 € par jour et par personne pour l'hôtel et 76 € pour le transport.

- Quelle est la dépense quotidienne de cette famille à l'hôtel ? _____

- Quelle est la dépense hebdomadaire de cette famille à l'hôtel ? _____

- Quelle est la dépense totale de cette famille pour ce séjour ? _____

5 La tuile !

Chaque résultat correspond à une couleur :

- 2 = rouge
- 20 = jaune
- 200 = bleu

Calcule les produits et colorie les tuiles du toit.

0,05 × 40	40 × 0,5	0,5 × 4	0,4 × 50	4 × 50	0,2 × 100	0,02 × 100	4 × 5

0,2 × 10	0,4 × 5	200 × 0,1	400 × 0,05	0,04 × 500	10 × 2	2 × 1

2 × 10	0,1 × 20	50 × 0,4	1 × 20	20 × 10	40 × 0,5	0,2 × 100	50 × 0,04

0,04 × 50	5 × 0,4	500 × 0,04	5 × 40	0,4 × 500	100 × 0,2	20 × 0,1

0,5 × 40	0,05 × 40	100 × 2	0,4 × 50	50 × 4	0,2 × 10	0,1 × 200

100 × 0,02	0,5 × 400	0,05 × 400	5 × 4	1000 × 0,2	0,01 × 200

Devinette

Qu'appelle-t-on « le toit du monde » ?

Réponse : c'est le point le plus haut du monde (8 850 m), l'Everest, situé dans la chaîne de l'Himalaya, au Népal.

ANGLAIS

6 Read and join.

Why are you crying? •   • Because I'm hungry.

Why are you laughing? •   • Because I'm tired.

Why are you eating? •   • Because I'm sad.

Why are you sleeping? •   • Because I'm happy.

Why are you singing? •   • Because I'm enjoying myself.

La tomate lampion !

Ingrédients : • une tomate
• de la mayonnaise en tube
• un œuf dur
• du persil ou de la ciboulette

Coupe le chapeau et creuse l'intérieur de la tomate avec une cuiller. À l'aide d'un petit couteau, découpe des yeux et une bouche en dents de scie. Passe l'œuf dur à la moulinette et mélange-le avec de la mayonnaise et quelques fines herbes découpées aux ciseaux. Remplis ta tomate avec ce mélange. Referme-la avec le chapeau. Place ta tomate lampion quelques instants au réfrigérateur avant de la manger.

1 As-tu bien lu ?

Quels sont les quatre ingrédients et les quatre ustensiles dont tu as besoin pour réaliser cette recette ?

Ingrédients	Ustensiles

2 Complète le tableau en conjuguant les verbes au passé composé.

	mélanger	pétrir	prendre	tomber
j'/je	j'ai mélangé			
tu				
on				
elles				

3 Souligne le COI ou le COS de chaque phrase.

• Il a pensé à <u>acheter le pain</u>.

• J'ai demandé la recette des profiteroles à mamie.

• Ce robot sert à mouliner, à pétrir, à râper, à trancher.

• Alice nous a offert ce robot l'année dernière.

L'ASSIETTE !

MATHS

4 Un gâteau allégé

Aide Lucas à calculer ces mesures.

120 g de beurre :   3 = _____ g

150 g de farine :   3 = _____ g

150 g de sucre :   2 = _____ g

Rébus

Réponse : rhubarbe (rue – barbe).

5 Proportions

Lucie veut réaliser un soufflé chaud au chocolat pour ses 8 invités.
Mais la recette de tante Marie est très bizarre ! Les quantités sont incomplètes.

28 29 30
SOS

Aide donc Lucie à s'y retrouver. Tu peux, bien sûr, compléter l'ensemble du tableau.

4 personnes	8 personnes	12 personnes
125 g de chocolat		
		3/4 de litre de lait
	100 g de beurre	
60 g de sucre		
		9 œufs

ANGLAIS

6 Relie entre eux les mots de même sens.

U.K. English*	U.S. English*	French
chips •	• eggplant •	• bonbons
courgette •	• chips •	• chips
crisps •	• fries •	• courgette
sweets •	• cookie •	• frites
aubergine •	• candy •	• biscuit
biscuit •	• zucchini •	• aubergine

* *U.K. English* : anglais de Grande-Bretagne ; *U.S. English* : anglais d'Amérique du Nord.

Le trésor

La carte au trésor

Règle du jeu

1. Tous les joueurs placent leur pièce sur la case « Départ ».
2. À tour de rôle, chaque joueur lance le dé et avance sa pièce du nombre de cases indiqué par le dé.

3. Le joueur qui arrive le premier sur l'île où est caché le trésor a gagné.
4. Le joueur qui fait un nombre supérieur doit reculer d'autant.

Matériel

Cases spéciales

Recule de 2 cases.

Rejoue.

Passe ton tour.

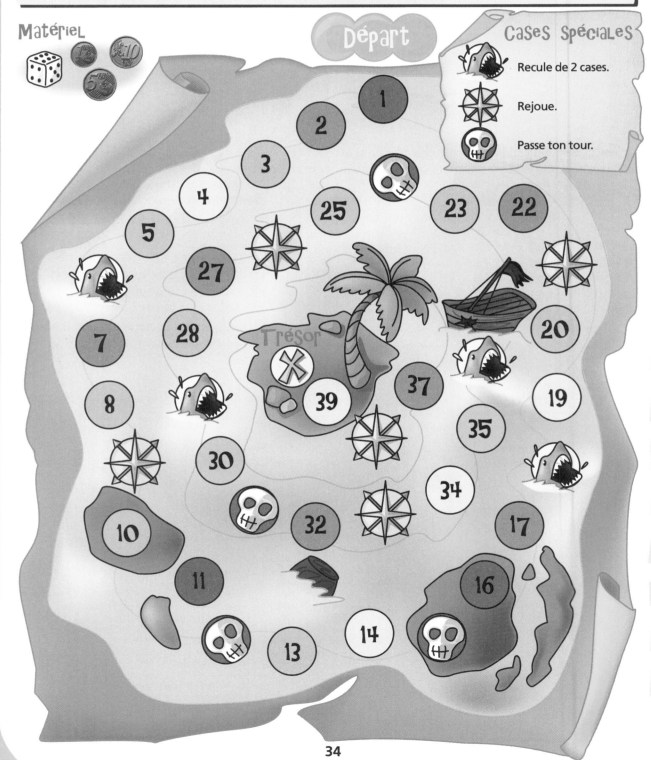

Départ

Trésor

des pirates

UN vrai pirate

Bricolage

Il te Faut :

- ✘ du carton
- ✘ du papier aluminium
- ✘ de la peinture, des feutres
- ✘ de la ficelle, des ciseaux
- ✘ 1 couvercle
- ✘ 1 crayon de maquillage
- ✘ 1 vieux tee-shirt
- ✘ 1 vieux pantalon

sabre en carton

couvercle de boîte à apéritif

vieux tee-shirt

1. Découpe dans du carton un pochoir de tête de mort.

2. Peins l'intérieur du pochoir sur ton tee-shirt, ton foulard…

vieux pantalon

3. Découpe les manches de ton tee-shirt et le bas de ton pantalon.

4. Dans du carton, découpe ton sabre et recouvre-le de papier aluminium.

5. Pour le bandeau, découpe une forme triangulaire que tu peins en noir et perce deux trous sur les côtés pour passer la ficelle.

6. Demande à un adulte de te maquiller le visage (barbe, balafre, sourcils…).

> *info*
>
> • Pirate ou corsaire ?
> Il existe une énorme différence entre pirate et corsaire.
> Si tous les deux pillaient les bateaux, le corsaire, lui, avait une lettre du roi ou du gouvernement qui l'autorisait à attaquer les navires des pays ennemis !

LE JEU DE LA FORTUNE

Compte le nombre de pièces et de pierres précieuses, puis calcule en euros la valeur totale du sac.

astuce

◈ 500 €   ◯ 200 €   ● 100 €

= ____ €

Si tu n'as pas de dé pour jouer :

1. Écris les chiffres de 1 à 6 sur 6 cartons ou 6 galets de mêmes dimensions.

2. Mets ces cartons ou galets dans un sac.

3. Au lieu de lancer le dé, chaque joueur pioche 1 carton ou 1 galet.

Solution du jeu, p. 8 des corrigés.

ALLÔ !

Le message de Météo-France

Au nord de la Loire, le ciel sera couvert.
Au sud de la Loire, le temps sera ensoleillé malgré quelques orages sur les massifs montagneux.
Quelques nappes de brouillard persisteront le matin sur Strasbourg et Brest. Des rafales de vent agiteront la mer à Marseille et à Biarritz.
Températures : 15 °C à Paris, Brest et Strasbourg ; 20 °C à Lyon et Bordeaux ; 25 °C à Biarritz et Marseille.

 soleil pluie averses brouillard

 nuages orages vent

1 Dessine sur cette carte les symboles météorologiques et place les températures qui conviennent.

 **FRANÇAIS**

Blague

Qui voyage jour et nuit sans quitter son lit ?

Réponse : la rivière.

2 Avec la manière [4] [14] SOS

Mets l'adjectif qualificatif au féminin et transforme-le en adverbe de manière, selon le modèle.

chaud → chaude → chaudement

- froid → _____ → _____
- clair → _____ → _____
- rigoureux → _____ → _____
- vif → _____ → _____

3 Es-tu un(e) bon(ne) scientifique ? [3] SOS

Ajoute le suffixe -mètre à la suite de chaque début de mot, puis relie chaque instrument à son usage.

chrono → le chronomètre · · mesure la pression atmosphérique

baro → le_____ · · mesure la vitesse du vent

pluvio → le_____ · · mesure le temps (qui passe)

anémo → l'_____ · · mesure la température

thermo → le_____ · · mesure les chutes de pluie

À L'EAU !

MATHS

36 SOS

4 Trouve l'unité qui convient à ces récipients.

• une bouteille d'eau minérale = 1,5 L

• une bouteille de vin = 75 _____

• un réservoir d'essence = 40 _____

• un seau = 10 _____

• un dé à coudre = 10 _____

• un verre = 12 _____

• une cuvette = 1 _____

• une tasse à café = 120 _____

• un bol = 35 _____

5 Effectue les divisions suivantes (quotients exacts) :

29 SOS

725	5

1 924	4

12 714	26

27 048	56

6 Que d'eau !

28 36 SOS

Dans une maison de vacances, on utilise chaque jour 55 L d'eau pour la cuisine et 245 L d'eau pour la toilette et l'entretien.

Quelle sera la consommation d'eau pour les mois de juillet et août ? (Ces deux mois comportent 31 jours.)

• Combien utilise-t-on d'eau par jour ?

_____

• Combien y a-t-il de jours de vacances ?

_____

• Quelle est la consommation totale d'eau pendant les vacances (en hL) ?

_____

GÉOGRAPHIE

7 Régions françaises et traditions

Replace chaque région et l'une de ses productions traditionnelles sur la carte.

A. Bretagne : artichaut

B. Nord-Pas-de-Calais : pomme de terre

C. Normandie : camembert

D. Aquitaine : vin

E. Auvergne : élevage bovin

F. Provence : olive

G. Corse : châtaigne

H. Alsace-Lorraine : mirabelle

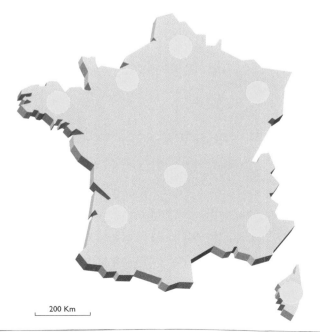

200 Km

L'alphabet Morse

L'Américain Samuel Morse mit au point cet alphabet de 1832 à 1837. Les messages peuvent être écrits à l'aide de points et de traits, mais aussi transmis par des signaux lumineux ou sonores : un signal lumineux ou un son bref pour le point ; un signal lumineux ou un son long pour le trait. Bientôt transmis par des appareils électriques, les messages purent circuler partout aux États-Unis. Le télégraphe était né !

A	.—	N	—.	1	.————
B	—...	O	———	2	..———
C	—.—.	P	.——.	3	...——
D	—..	Q	——.—	4	....—
E	.	R	.—.	5	.....
F	..—.	S	...	6	—....
G	——.	T	—	7	——...
H	....	U	..—	8	———..
I	..	V	...—	9	————.
J	.———	W	.——	0	—————
K	—.—	X	—..—		
L	.—..	Y	—.——		
M	——	Z	——..		

1 Sais-tu lire le morse ?

Déchiffre ce message à l'aide de l'alphabet.

.———/.—/.—./.—/../...—/../.—./.—/../
—.—./.,/.../———/../.—/.—/———../..../
...——/—————

_____
_____
_____

2 Barre les participes passés qui ne sont pas correctement accordés (attention à l'auxiliaire !).

Samuel Morse a 〈 inventé / ~~inventés~~ 〉 un alphabet.

La conférence est 〈 traduite / traduit 〉 par un interprète. **7 SOS**

Laure a 〈 décodée / décodé 〉 le message.

Les historiens ont 〈 daté / datés 〉 les hiéroglyphes d'environ 3 000 ans avant notre ère.

3 Le suffixe -graphe vient du grec *graphein* qui signifie « écrire ».

Complète ces devinettes en ajoutant au suffixe -graphe les préfixes suivants :

para-   ortho-   télé-   auto-   photo-

• La matière qui apprend à écrire les mots sans faute est l' _____.

• La personne qui prend des images avec un appareil est le _____.

• Une petite partie d'un texte est un _____.

• Quand un écrivain signe son livre, il fait un _____.

• Le _____ permettait d'envoyer rapidement des messages au XIXe siècle.

D'ÉCRITURES

MATHS

4 Nombres croisés 26 27 28 SOS

	A	B	C	D
1				
2			■	
3				
4		■		

Horizontalement

1. 11 426 – 9 589.
2. Le produit de ces chiffres est 15.
3. (18 × 500) + (2 × 200) + (2 × 10).
4. Le triple de 20.

Verticalement

A. 668 + 724.
B. 61 × 14.
C. La somme de ces chiffres est 8.
D. 7 × 1 000.

Devinette

Qui a mis au point un système d'écriture
en relief pour les aveugles ?

a. Louis Braille   b. l'abbé de l'Épée   c. Samuel Morse

Réponse : a.

5 Message à coder

Chaque lettre est égale au nombre
impair qui suit le précédent :

A = 77	J =	S =
B = 79	K =	T =
C = 81	L =	U =
D =	M =	V =
E =	N =	W =
F =	O =	X =
G =	P =	Y =
H =	Q =	Z =
I =	R =	

Code, en chiffres, le nom
de SAMUEL MORSE.

_____

_____

HISTOIRE

6 On date la fin de la Préhistoire à l'apparition de l'écriture.
En effet, grâce à l'écriture, on peut raconter les événements, raconter l'Histoire.

Associe à chaque événement la date à laquelle il a eu lieu.

17000 av. J.-C. – 3000 av. J.-C. – 1455 – 1824 – 1837

Des hommes préhistoriques
peignent sur les murs de la grotte
de Lascaux vers _____.

Gutenberg
imprime le premier livre, la Bible,
en _____.

Champollion
déchiffre
les hiéroglyphes
en _____.

Morse invente
l'alphabet du
même nom
en _____.

Naissance de l'écriture vers _____.

DANS LE

Sur l'île de la Réunion, département français de l'océan Indien, le volcan de la Fournaise est toujours en activité, avec des périodes de sommeil et des périodes éruptives.

Lors de l'éruption qui a eu lieu en 2007, des fontaines de lave ont atteint près de 200 mètres de hauteur.

Les coulées de lave en fusion ont dévalé les pentes jusqu'à l'océan, provoquant un réchauffement brusque de l'eau. De nombreux poissons sont morts, y compris des poissons des grandes profondeurs.

Suite à cette éruption, le cratère Dolomieu, situé au sommet du piton de la Fournaise, s'est effondré. Est alors apparu un gouffre d'un volume d'environ 50 millions de mètres cubes et profond de 300 mètres !

1 As-tu bien lu ?

● Qu'est-ce que la Réunion ? _____

● Que se passe-t-il quand la lave touche la mer ? _____

● Qu'est devenu le cratère Dolomieu ? _____

FRANÇAIS

2 Pour chaque adjectif, écris un adjectif de sens contraire.

large _____

lointain _____

rare _____

endormi _____

brûlant _____

sombre _____

rapide _____

humide _____

faible _____

diurne _____

3 Complète les verbes avec -é ou -er, comme dans l'exemple.

● Les hommes ont toujours cherché à mesurer les phénomènes géologiques.

● Pour all_____ observ_____ des éruptions, les volcanologues Maurice et Katia Kraft ont escalad_____ de nombreux cratères.

● Certains volcans peuvent explos_____ ; le magma est alors pulvéris_____ et projet_____ à de grandes distances.

● Un raz-de-marée est souvent provoqu_____ par une éruption sous-marine.

VENTRE DE LA TERRE

 **MATHS**

4 Retrouve le nombre manquant dans chaque division. 28 29 SOS

54 : 9 = _____   24 : _____ = 4   36 : _____ = 9

_____ : 12 = 6   81 : _____ = 9   20 : _____ = 2

5 Observe bien les tarifs et calcule le coût de cette visite. 26 28 SOS

GROTTES DE LAQUEZOU
Visites guidées

Adultes	4 €
Enfants – 12 ans	demi-tarif
Groupes + 10 pers.	3,40 €

Promenade en barque

Adultes	2,40 €
Enfants – 12 ans	demi-tarif
Groupes + 10 pers.	1,60 €

Paul, 11 ans, accompagné de ses deux parents, de sa grand-mère, de son frère, âgé de 8 ans, et de sa petite sœur, âgée de 4 ans, visite les grottes de Laquezou. Toute la famille décide d'effectuer la promenade en barque.

- Coût des visites guidées : _____
- Coût de la promenade en barque : _____
- Coût total : _____

 ANGLAIS

6 Complete the diagram with the following words:

mountain   hill   volcano   plain   valley   river

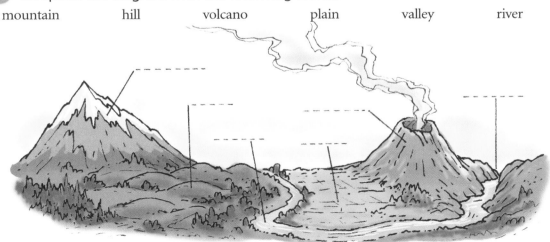

Complète le dessin avec les mots suivants.

Saltimbanques

Dans la plaine les baladins
S'éloignent au long des jardins
Devant l'huis* des auberges grises
Par les villages sans églises

Et les enfants s'en vont devant
Les autres suivent en rêvant
Chaque arbre fruitier se résigne
Quand de très loin ils lui font signe

Ils ont des poids ronds ou carrés
Des tambours, des cerceaux dorés
L'ours et le singe animaux sages
Quêtent des sous sur leur passage

* *l'huis* : la porte.

Guillaume Apollinaire (1880-1918), *Alcools*, Gallimard, 192

---

1 Vrai ou faux ?

	V	F
A. Le poète évoque trois bâtiments.	☐	☐
B. Tous les villages ont une église.	☐	☐
C. Les enfants font signe aux arbres.	☐	☐
D. L'ours et le singe font la quête.	☐	☐

Charade

Mon premier est
une conjonction de coordination.
Avec mon second, on mange la soupe.
Mon tout est une artiste de cirque.

Réponse : écuyère (et – cuillère).

2 Pour chaque phrase, indique quel est le type de phrase. Voici les quatre types de phrases que tu peux rencontrer :

phrase déclarative – phrase injonctive –
phrase exclamative – phrase interrogative

• Le clown, c'est un poète en action.

_____

• Regarde-le faire toutes ses mimiques.

_____

• Va-t-il également jongler avec des quilles ?

_____

• Comme il est drôle avec ses immenses chaussures !

_____

• Petits et grands rient et applaudissent de bon cœur.

_____

AU CIRQUE...

 **MATHS**

3 Le cirque de la famille Sensas veut s'installer dans une petite ville.
Ses 4 camions de matériel et de ménagerie occupent chacun un emplacement de 32 m².
Les caravanes occupent, au total, 120 m².
La piste du cirque mesure 90 m² et les gradins 180 m².

26 28 38 SOS

Combien le cirque occupe-t-il de place ?

• Surface occupée par le chapiteau :

• Surface occupée par les camions :

• Surface totale occupée par le cirque :

4 Nomme et colorie les figures géométriques.

 GÉOGRAPHIE

5 Le cirque Sensas effectue une tournée dans toute la France métropolitaine.
Voici, dans l'ordre, les noms des villes où il va installer son chapiteau :

• Paris
• Nantes
• Bordeaux
• Lyon
• Marseille
• Ajaccio
• Bastia
• Lille
• Strasbourg

Trace son parcours sur la carte en reliant les points.

Au pays du

Riz cantonais

Pour 4 personnes

Il te faut :

- ✗ 1 verre de riz
- ✗ 1 œuf
- ✗ 1 verre de petits pois (en boîte)
- ✗ 4 tranches de jambon
- ✗ du beurre
- ✗ du sel et du poivre

1. Casse l'œuf dans un bol et bats-le, puis demande à un adulte de cuire cette omelette.

2. Coupe l'omelette et le jambon en lamelles avec une paire de ciseaux.

3. Avec un adulte, fais bouillir 1 litre d'eau salée dans une casserole.

4. Verse le riz et laisse-le cuire 20 minutes.

5. Demande à un adulte de réchauffer les petits pois à feu moyen pendant 3 minutes.

6. Égoutte le riz, puis verse-le dans un saladier.

7. Ajoute 1 morceau de beurre, les lamelles d'omelette et de jambon, et les petits pois. Sale, poivre et mélange le tout. C'est prêt !

Bon appétit !

Soleil-Levant

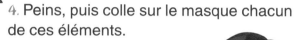

Un masque de dragon

1. Dessine sur une feuille de carton la tête d'un dragon, puis découpe-la.

2. Perce deux trous au niveau des yeux.

3. Dessine, puis découpe dans du carton les dents, la langue, les moustaches, les narines et les contours des yeux.

4. Peins, puis colle sur le masque chacun de ces éléments.

5. Découpe des bandes de papier crépon (ou aluminium, ou autre papier) et colle-les sur le sommet du masque.

Il te faut :

- ✗ du carton
- ✗ du papier crépon
- ✗ 1 crayon
- ✗ des ciseaux
- ✗ 1 pinceau
- ✗ de la peinture
- ✗ de la colle

● La calligraphie

La calligraphie est l'art de tracer les caractères de l'écriture. Le calligraphe utilise un pinceau *(fude)* dont le corps est généralement en bambou et la pointe en laine ou en poils de blaireau.
L'encre est produite en frottant un bâton d'encre de Chine dans une pierre creuse remplie d'eau.
Enfin, le papier le mieux adapté pour écrire est le papier de riz japonais.

LE JEU DES OBJETS ET SPÉCIALITÉS ASIATIQUES

Complète ces noms d'objets et spécialités asiatiques en ajoutant les voyelles manquantes.

N _ M S
M _ K _ D _
K _ M _ N _
F _ T _ N
S _ S H _
T _ M _ G _ T C H _

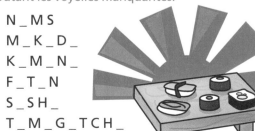

Pour faire de la calligraphie :

1. Découpe un rectangle dans une feuille.

2. De haut en bas, fais des dessins à l'encre de Chine, à la manière des écritures asiatiques.

3. Colle des baguettes en bois en haut et en bas, au dos de ta feuille. Ajoute une ficelle pour l'accrocher.

45

Solution du jeu, p. 8 des corrigés.

ORTHOGRAPHE

 **ou et où**

On écrit **ou** quand on peut le remplacer par **ou bien** (conjonction de coordination).

Exemple :

Des lacs **ou** (bien) des étangs.

On écrit **où** quand on indique un lieu.

Exemple :

Où vas-tu ? C'est le village **où** il a vécu.

 **a ou à**

A est le verbe **avoir** conjugué à la 3ᵉ personne du singulier du présent de l'indicatif. On peut le remplacer par l'imparfait **avait** ou le futur **aura**.

Exemple :

Pierre **a** faim.

→ Pierre **avait** (ou **aura**) faim.

À est une préposition.

Exemples :

Il pense **à** ses amis.

Elle rentre **à** pied.

 Les familles de mots

À partir d'un mot simple, on a formé des mots dérivés qui se ressemblent et se rapportent à une même chose ou à une même idée. L'ensemble de ces mots constitue une famille de mots. Devant un mot simple appelé **radical**, on peut placer un élément appelé **préfixe** pour former un mot dérivé.

Exemples :

produire → **re**produire

mettre → **re**mettre

Les préfixes sont nombreux : **re-, dé-, in-, im-, mal-, trans-, anti-, sur-, en-**…

Derrière le radical, on peut placer un élément appelé **suffixe** pour former un mot dérivé.

Exemple :

sonner → sonn**ette** – sonn**erie**

Les suffixes sont nombreux : **-et, -ette, -erie, -eur, -age, -tion**…

 Les féminins des noms et des adjectifs qualificatifs

	Nom	Adjectif
Masculin + e	un invité, une invité**e**	petit, petit**e**
		floral, floral**e**
Doublement de la consonne + e	un lion, une lion**ne**	cruel, cruel**le**
		gros, gros**se**
		bas, bas**se**
Modification du suffixe	un boucher, une bouch**ère**	amer, am**ère**
	un directeur, une direc**trice**	heureux, heur**euse**
	un voleur, une vol**euse**	menteur, ment**euse**
	un captif, une cap**tive**	vif, vi**ve**
	un prince, une prin**cesse**	nouveau, nou**velle**
Forme différente	un homme, une femme	beau, belle

 **et ou est**

Est est le verbe **être** conjugué à la 3ᵉ personne du singulier du présent de l'indicatif. On peut le remplacer par l'imparfait **était** ou le futur **sera**.

Exemple :

Pierre **est** frigorifié.

→ Pierre **était** frigorifié.

→ Pierre **sera** frigorifié.

Et est une conjonction de coordination. On peut la remplacer par **et puis**.

Exemple :

Des moufles **et** des gants.

→ Des moufles **et puis** des gants.

ORTHOGRAPHE

 Le pluriel des noms et des adjectifs

	Nom	**Adjectif**
+ s	un chien → des chiens	blanc → blancs
ail + s sauf	un rail → des rails des baux, des coraux, des émaux, des soupiraux, des travaux, des vantaux, des vitraux	
ou + s sauf	un clou → des clous des bijoux, des cailloux, des choux, des genoux, des hiboux, des joujoux, des poux	fou → fous
au, eau, eu + x sauf	un bureau → des bureaux un pneu → des pneus un landau → des landaus	beau → beaux bleu → bleus
al / aux sauf	un cheval → des chevaux des bals, des carnavals, des chacals, des festivals, des régals	normal → normaux final → finals glacial → glacials
invariable	un nez → des nez un bus → des bus un prix → des prix	vieux → vieux gris → gris
forme différente	un œil → des yeux	

L'adjectif qualificatif s'accorde toujours en **genre** (masculin ou féminin) et en **nombre** (singulier ou pluriel) avec le nom qu'il précise.

Exemples :
Ma petite sœur. Ma sœur est petite.

Dans un accord, le **masculin** l'emporte toujours sur le féminin.

Exemple :
Mon frère et ma sœur sont petits.

 L'accord du participe passé

Le participe passé employé avec l'auxiliaire **avoir** ne s'accorde jamais avec le sujet.

Exemples :
Elle a mangé les fruits. Ils ont mangé les fruits.

Le participe passé employé avec l'auxiliaire **être** s'accorde en genre et en nombre avec le sujet.

Exemples :
Elle est tombée. Ils sont allés. Elles sont parties.

GRAMMAIRE

8 SOS — Les types de phrases

La phrase **déclarative** permet de dire, de déclarer quelque chose. Elle se termine par un point.

Exemple :

Aujourd'hui, nous allons au cinéma.

La phrase **interrogative** s'emploie pour poser une question, pour interroger. Elle se termine par un point d'interrogation. Elle peut se présenter sous trois formes.

Exemples :

Avez-vous été surpris ?

Est-ce que vous avez été surpris ?

Vous avez été surpris ?

Elle peut aussi être introduite par un mot interrogatif : *Quel… ? Qui… ? Où… ? Comment… ? Avec qui… ?*

La phrase **exclamative** permet d'exprimer un sentiment de joie, de surprise, de colère… Elle se termine par un point d'exclamation. Elle peut être verbale ou nominale.

Exemples :

Enfin, il neige !

Demain la neige !

La phrase **injonctive** ou **impérative** sert à exprimer un ordre ou un conseil. Elle se termine par un point. Le verbe est au mode impératif et est employé sans sujet.

Exemples :

Viens vite.

Allons à la plage.

Suivez-nous.

9 SOS — Forme affirmative et forme négative

Chaque type de phrase peut s'écrire à la forme affirmative ou à la forme négative.

Exemple :

Mon frère écoute son disque.

→ Mon frère **n'**écoute **pas** son disque.

À la forme négative, le verbe ou l'auxiliaire est encadré par une négation.

Les principales négations sont : **ne … pas, ne … jamais, ne … rien, ne … personne, ne … plus.**

Le changement de forme entraîne parfois des modifications d'articles.

Exemple :

Paul mange **des** pommes.

→ Paul ne mange **pas de** pommes.

10 SOS — Le sujet du verbe

Le sujet du verbe est le mot ou groupe de mots qui indique qui fait l'action.

Exemple :

La marmotte galope dans son terrier.

Qui est-ce qui galope ?

C'est **la marmotte** qui galope.

La marmotte est le sujet du verbe **galoper**. Le sujet du verbe peut être un nom, un groupe nominal, un pronom ou un verbe à l'infinitif.

Le complément d'objet direct

Le complément d'objet direct (COD) se rattache directement au verbe. Il répond à la question *Qui ?* ou *Quoi ?* posée après le verbe.

Exemple :

On **remplace** <u>le pétrole</u> par d'autres sources d'énergie.

→ On **remplace** *(Quoi ?)* <u>le pétrole</u> par d'autres sources d'énergie.

→ On <u>le</u> **remplace**.

Le COD peut être un nom, un groupe nominal, un pronom personnel, un verbe à l'infinitif ou une proposition.

 ### Le complément d'objet indirect

Quand le complément d'objet est relié au verbe par une préposition (*à, au, aux, de, des*, etc.), il est appelé « complément d'objet indirect » du verbe (COI). Il répond à la question *À qui ?* ou *À quoi ?* posée après le verbe.

Lorsque le COI accompagne un COD, il est appelé **complément d'objet second** (COS).

Exemples :

Je téléphone *(À qui ?)* **à mes amis**.
                          COI

J'offre *(Quoi ?)* une rose *(À qui ?)* **à ma tante**.
              COD   COS

Le COI ou COS peut être remplacé par un pronom placé avant ou après le verbe.

Exemples :

Je téléphone **à mes amis**. → Je **leur** téléphone.
Je pense **à mes amis**.   → Je pense **à eux**.

 ### Les compléments circonstanciels

Le complément circonstanciel de **lieu** répond à la question *Où ?* posée après le verbe. Il peut s'agir d'un groupe nominal introduit par une préposition (*dans, sur, vers…*) ou d'un adverbe (*là, ici…*).

Exemples :

Nous arrivons *(Où ?)* **au bord de la mer**.
Nous arrivons *(Où ?)* **ici**.

Le complément circonstanciel de **temps** répond à la question *Quand ?* posée après le verbe.
Il peut s'agir d'un groupe nominal précédé ou non d'une préposition.

Exemple :

(Quand ?) **Pendant des années**, il a habité cette maison.

Il peut s'agir d'un adverbe.

Exemple :

Je partirai *(Quand ?)* **bientôt**.

 ### L'adverbe

L'adverbe est un mot **invariable** qui complète ou modifie le sens d'un verbe, d'un adjectif qualificatif ou d'un autre adverbe.

Exemple :

Il pleut **fort** (**fort** modifie le sens du verbe *pleuvoir*).

Il existe des adverbes de **manière** (*salement, chaudement*, etc.), de **temps** (*hier, bientôt*, etc.), de **lieu** (*ici, là*, etc.), de **négation** (*ne … pas, ne … plus*, etc.)…

On peut former les adverbes de **manière** à partir du féminin de l'adjectif qualificatif.

Exemple :

chaud → chaud**e** → chaud**ement**

GRAMMAIRE

 ## Les déterminants du nom

Un déterminant est un élément du groupe nominal. Il précède toujours le nom.

Exemples :

Tous **les** jours, à **six** heures, **notre** boulanger sort **ses** croissants **du** four.

Le déterminant **s'accorde en genre** avec le nom au singulier.

Exemples :

La boulangère, **une** baguette, **cette** cheminée.

Le déterminant **s'accorde en nombre** avec le nom. Le plus souvent, seul le déterminant indique le nombre du nom à l'oral.

Exemples :

Les boulangères, **des** baguettes, **ces** cheminées.

Certains groupes nominaux s'emploient **sans** déterminant.

Exemple :

Il est sans peur et sans reproche.

Les principaux déterminants sont :
– les articles : *un, le, du* pain ; *des* pains ;
– les déterminants possessifs : *mon, son* pain ; *ses* pains ;
– les déterminants démonstratifs : *ce* pain ; *ces* pains.

 ## Le complément du nom

Le complément du nom complète un nom. Il est toujours introduit par une **préposition** (*à, de, du, en*, etc.).

Exemples :

Une ferme **des Pyrénées**.
Un bol **de chocolat**.

→ **des Pyrénées** complète le nom *ferme*.
→ **de chocolat** complète le nom *bol*.

 ## L'adjectif qualificatif

L'adjectif qualificatif est un mot qui donne des précisions sur le nom qu'il accompagne. On dit qu'il le « qualifie ».

Exemple :

Des plantes **vénéneuses**.

L'adjectif qualificatif est **épithète** quand il est placé à côté du nom.

Exemples :

Une **jolie** fille. Un bonnet **vert** et **rouge**.

L'adjectif qualificatif est **attribut** du sujet lorsqu'il est séparé du sujet par un verbe d'état *(être, paraître, devenir, demeurer, sembler, rester)*.

Exemple :

Ce sommet paraît **inaccessible**.
   sujet   v. d'état attribut du sujet

L'adjectif qualificatif **s'accorde en genre et en nombre** avec le nom qu'il accompagne.

Participe passé en -é ou infinitif en -er ?

Pour savoir s'il faut écrire **-é** ou **-er**, on peut s'aider en remplaçant le verbe du 1er groupe par un verbe du 2e ou du 3e groupe.

Exemple :

Il a **mangé** deux assiettées de spaghettis.
→ Il a **englouti** deux assiettées de spaghettis.

Il faut toujours employer l'**infinitif** après une **préposition** (*à, de, pour*, etc.).

Exemple :

On descend de voiture **pour admirer** le paysage.

Il faut toujours employer le **participe passé** après **être** ou **avoir**.

Exemples :

Les enfants **ont** joué dans la cour.
Ils **sont** rentrés pour le goûter.

CONJUGAISON

 19 **Le présent de l'indicatif**

Le présent de l'indicatif indique généralement qu'une action a lieu au moment où l'on parle.

Verbes du 1er groupe en -er,
verbes en -ger, en -cer

Chanter	Manger
je chante	je mange
tu chantes	tu manges
il, elle, on chante	il, elle, on mange
nous chantons	nous mangeons
vous chantez	vous mangez
ils, elles chantent	ils, elles mangent

Tracer
je trace
tu traces
il, elle, on trace
nous traçons
vous tracez
ils, elles tracent

Verbes du 2e groupe en -ir
et verbes du 3e groupe

Finir *(2e groupe)*	Mettre *(3e groupe)*
je finis	je mets
tu finis	tu mets
il, elle, on finit	il, elle, on met
nous finissons	nous mettons
vous finissez	vous mettez
ils, elles finissent	ils, elles mettent

Aller *(3e groupe)*	Prendre *(3e groupe)*
je vais	je prends
tu vas	tu prends
il, elle, on va	il, elle, on prend
nous allons	nous prenons
vous allez	vous prenez
ils, elles vont	ils, elles prennent

20 **L'imparfait de l'indicatif**

L'imparfait de l'indicatif est un temps du passé. Il indique qu'une action passée a duré dans le temps.

Danser *(1er groupe)*	Manger *(1er groupe)*
je dansais	je mangeais
tu dansais	tu mangeais
il, elle, on dansait	il, elle, on mangeait
nous dansions	nous mangions
vous dansiez	vous mangiez
ils, elles dansaient	ils, elles mangeaient

Finir *(2e groupe)*	Courir *(3e groupe)*
je finissais	je courais
tu finissais	tu courais
il, elle, on finissait	il, elle, on courait
nous finissions	nous courions
vous finissiez	vous couriez
ils, elles finissaient	ils, elles couraient

Mettre *(3e groupe)*
je mettais
tu mettais
il, elle, on mettait
nous mettions
vous mettiez
ils, elles mettaient

21 **Le passé simple de l'indicatif**

Le passé simple de l'indicatif est un temps du passé qui indique qu'une action a été très brève.

Verbes du   **Verbes**
1er groupe en -er   **en -ger**

Chanter	Manger
je chantai	je mangeai
tu chantas	tu mangeas
il, elle, on chanta	il, elle, on mangea
nous chantâmes	nous mangeâmes
vous chantâtes	vous mangeâtes
ils, elles chantèrent	ils, elles mangèrent

Verbes du
2e groupe en -ir

Finir
je finis
tu finis
il, elle, on finit
nous finîmes
vous finîtes
ils, elles finirent

CONJUGAISON

22 SOS Le futur de l'indicatif

Les terminaisons du futur aux 3 groupes sont :
-ai, -as, -a, -ons, -ez, -ont.

Pour former le futur des verbes des 1er et 2e groupes, on prend l'**infinitif** suivi des terminaisons.

Pour les verbes du 3e groupe, **le radical du futur est** suivi des mêmes terminaisons.

Chanter *(1er groupe)*	Finir *(2e groupe)*
je chanterai	je finirai
tu chanteras	tu finiras
il, elle, on chantera	il, elle, on finira
nous chanterons	nous finirons
vous chanterez	vous finirez
ils, elles chanteront	ils, elles finiront

Crier *(1er groupe)*	Aller *(3e groupe)*
je crierai	j'irai
tu crieras	tu iras
il, elle, on criera	il, elle, on ira
nous crierons	nous irons
vous crierez	vous irez
ils, elles crieront	ils, elles iront

Voir *(3e groupe)*	Venir *(3e groupe)*
je verrai	je viendrai
tu verras	tu viendras
il, elle, on verra	il, elle, on viendra
nous verrons	nous viendrons
vous verrez	vous viendrez
ils, elles verront	ils, elles viendront

23 SOS Le passé composé

On forme le passé composé à l'aide de l'auxiliaire **être** ou **avoir** au présent de l'indicatif et du **participe passé** du verbe conjugué.

Verbes se conjuguant avec l'auxiliaire avoir

Chanter *(1er groupe)*	Finir *(2e groupe)*
j'ai chanté	j'ai fini
tu as chanté	tu as fini
il, elle, on a chanté	il, elle, on a fini
nous avons chanté	nous avons fini
vous avez chanté	vous avez fini
ils, elles ont chanté	ils, elles ont fini

Comprendre *(3e groupe)*
j'ai compris
tu as compris
il, elle, on a compris
nous avons compris
vous avez compris
ils, elles ont compris

Verbes se conjuguant avec l'auxiliaire être

Partir *(3e groupe)*	Aller *(3e groupe)*
je suis parti(e)	je suis allé(e)
tu es parti(e)	tu es allé(e)
il, elle, on est parti(e)	il, elle, on est allé(e)
nous sommes parti(e)s	nous sommes allé(e)s
vous êtes parti(e)s	vous êtes allé(e)s
ils, elles sont parti(e)s	ils, elles sont allé(e)s

24 SOS Le mode impératif

On emploie l'impératif pour donner des **ordres** ou des **conseils**.

L'impératif se conjugue à la 2e personne du singulier et aux 1re et 2e personnes du pluriel.

Il existe deux temps de l'impératif : le présent et le passé.

Laver *(1er groupe)*	Finir *(2e groupe)*	Aller *(3e groupe)*	Prendre *(3e groupe)*
Impératif présent	**Impératif présent**	**Impératif présent**	**Impératif présent**
lave	finis	va	prends
lavons	finissons	allons	prenons
lavez	finissez	allez	prenez

NUMÉRATION / OPÉRATIONS

 Nombres entiers et nombres décimaux

Partie entière									Partie décimale		
Classes									$\frac{1}{10}$	$\frac{1}{100}$	$\frac{1}{1000}$
millions			mille			unités simples			dixièmes	centièmes	millièmes
c	d	u	c	d	u	c	d	u			
						6	0	4			
				6	8	5	3	1			
			1	0	9	4	0	8			
	1	7	2	8	0	0	5	6			
8	8	5	9	3	2	7	6	0			
7	0	0	0	3	4	6	0	2			
6	5	9	0	0	0	0	0	0			
				1	8	9	3	7,	2	6	
						2	7,	6	8	7	
							0,	0	8	0	

 Addition des nombres entiers et des nombres décimaux

	m	c	d	u	
	1	1	2		retenues
	1	9	8	5	terme
+		4	2	5	terme
+			1	9	terme
+				7	terme
	2	4	3	6	somme

Passage de l'écriture à virgule à l'écriture fractionnaire :

m	c	d	u	1/10	1/100	
			1			retenue
		3	2,	7		
+			0,	4		
		3	3,	1		somme

32,7 se lit « 32 unités 7 dixièmes » et s'écrit : $\dfrac{327}{10}$

32,75 se lit « 32 unités 75 centièmes » et s'écrit : $\dfrac{3\ 275}{100}$

32,756 se lit « 32 unités 756 millièmes » et s'écrit : $\dfrac{32\ 756}{1\ 000}$

 Soustraction des nombres entiers et des nombres décimaux

	m	c	d	u	
	2	10	14	16	retenues
−	1	17	18	9	retenues
	1	2	5	7	différence

	c	d	u	1/10	1/100	
	4	18	9,	10	10	retenues
−	1	9	15,	14	6	retenues
	3	9	3,	5	4	différence

Dans l'addition et la soustraction de nombres décimaux, il faut penser à **aligner les virgules** les unes sous les autres.

OPÉRATIONS

 28 **La multiplication**

×	1	2	3	4	5	6	7	8	9	10
1	1	2	3	4	5	6	7	8	9	10
2	2	4	6	8	10	12	14	16	18	20
3	3	6	9	12	15	18	21	24	27	30
4	4	8	12	16	20	24	28	32	36	40
5	5	10	15	20	25	30	35	40	45	50
6	6	12	18	24	30	36	42	48	54	60
7	7	14	21	28	35	42	49	56	63	70
8	8	16	24	32	40	48	56	64	72	80
9	9	18	27	36	45	54	63	72	81	90
10	10	20	30	40	50	60	70	80	90	100

$0 \times 0 = 0$ $0 \times 1 = 0$ $0 \times 2 = 0$
$0 \times 3 = 0$ $0 \times 4 = 0$ $0 \times 5 = 0$
$0 \times 6 = 0$ $0 \times 7 = 0$ $0 \times 8 = 0$
$0 \times 9 = 0$ $0 \times 10 = 0$

Propriétés de la multiplication

$4 \times 6 = 6 \times 4$
Elle est commutative.

$26 \times 5 = (13 \times 2) \times 5 =$
$13 \times (2 \times 5) = 13 \times 10 = 130$
Elle est associative.

Multiplication de nombres entiers

$683 \times 74 =$
(683×4)
$+ (683 \times 70)$

```
      6 8 3     multiplicande
    ×   7 4     multiplicateur
      2 7 3 2 ⎫
  +   4 7 8 1 . ⎬ produits partiels
    5 0 5 4 2   produit
```

$364 \times 207 =$
(364×7)
$+ (364 \times 200)$

```
      3 6 4
    ×   2 0 7
      2 5 4 8
  +   7 2 8 . .
    7 5 3 4 8
```

Le chiffre 8, produit de 4 par 2 centaines,
correspond à 8 centaines et doit être aligné
sous le chiffre des centaines de 2 548, soit
le chiffre 5.

Multiplication de nombres décimaux

```
    1 4 9,6          1 3,3 2
  ×     8          ×     7
  1 1 9 6,8          9 3,2 4
```

On effectue la multiplication sans tenir
compte des virgules.
Ensuite, on place la virgule du produit
final en tenant compte du nombre total
de chiffres du multiplicateur
et du multiplicande après la virgule.
$6,34 \times 10 = 63,4$
$6,34 \times 100 = 634$
$6,34 \times 1\,000 = 6\,340$

Multiplier par
10, 100, 1 000...
$2 \times 10 = 20$
$2 \times 100 = 200$
$2 \times 1\,000 = 2\,000$
$0,02 \times 10 = 0,2$
$0,02 \times 100 = 2$
$0,02 \times 1\,000 = 20$

Multiplier par
20, 30, 40...
$5 \times 20 = 100$
$5 \times 30 = 150$
$5 \times 40 = 200$

 29 **La division**

On vérifie que la division est juste en multipliant
le quotient par le diviseur puis en ajoutant le reste,
s'il y en a un.

```
dividende → 1 4  2 0 2 | 4      → diviseur
            - 1 2       |
              0 2  2    | 3 5 5 0 ⌐
              - 2  0    |         ↓
                0  2 0  |         quotient
                - 2 0   |
reste →           0 0 2 |
```

Vérification

• Quotient multiplié par diviseur :
$3550 \times 4 = 14\,200$

• Ajout du reste :
$14\,200 + 2 = 14\,202$

• Le résultat obtenu est bien égal au dividende.

OPÉRATIONS

30 SOS Les fonctions numériques

$\boxed{m\,3}$➤ signifie « multiplier par 3 »

$\boxed{d\,2}$➤ signifie « diviser par 2 »

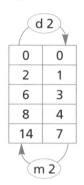

m 3	
0	0
1	3
2	6
3	9
5	15

d 3

d 2	
0	0
2	1
6	3
8	4
14	7

m 2

Propriété des écarts

m 4

	1	4	
+ 1	2	8	+ 4
+ 5	5	20	+ 20
+ 7	7	28	+ 28
+ 10	10	40	+ 40
	12	48	

d 6

	6	1	
+ 6	12	2	+ 1
+ 54	24	4	+ 9
+ 48	60	10	+ 8
+ 60	72	12	+ 10
	120	20	

31 SOS Les fractions décimales

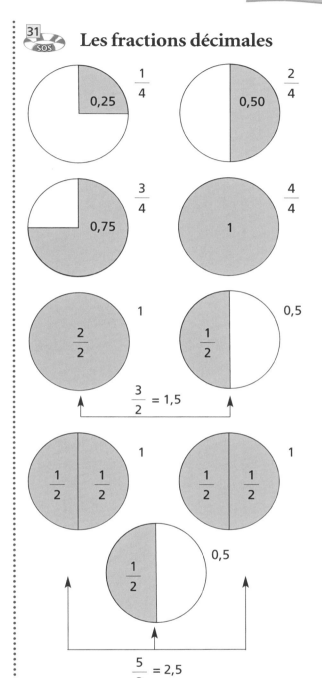

$\dfrac{1}{4}$ — 0,25

$\dfrac{2}{4}$ — 0,50

$\dfrac{3}{4}$ — 0,75

$\dfrac{4}{4}$ — 1

$\dfrac{2}{2}$ = 1

$\dfrac{1}{2}$ — 0,5

$\dfrac{3}{2} = 1,5$

$\dfrac{1}{2}\ \dfrac{1}{2} = 1$

$\dfrac{1}{2}\ \dfrac{1}{2} = 1$

$\dfrac{1}{2}$ — 0,5

$\dfrac{5}{2} = 2,5$

GÉOMÉTRIE

32 SOS La symétrie

Le point C est le symétrique de D et le point B est le symétrique de A par rapport à l'axe d.

Le point C est le symétrique de B et le point D est le symétrique de A par rapport à l'axe d'.

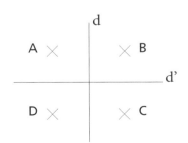

GÉOMÉTRIE

33 Le périmètre

Le périmètre est le contour d'une figure et s'exprime en unités de longueur (m, cm, etc.).

• Périmètre du carré : côté × 4.

Exemple : 3 × 4 = 12

$3\updownarrow$ ☐

• Périmètre du rectangle :
(Longueur + largeur) × 2.

Exemple : (5 + 3) × 2 = 16

l = 3 ☐
L = 5

34 L'aire

Une aire est la superficie d'une surface géométrique et s'exprime en unités d'aire (cm², m², etc.).

• Aire du carré : côté × côté.

Exemple : 3 × 3 = 9

• Aire du rectangle : Longueur × largeur.

Exemple : 3 × 5 = 15

MESURES

35 Les mesures de longueur

km	hm	dam	m	dm	cm	mm
0,	0	0	3			
	0,	0	3			
		0,	3			
			3			
			3	0		
			3	0	0	
			3	0	0	0

Toutes ces écritures expriment la même mesure.
3 m = 3 000 mm = 0,003 km

37 Les mesures de masse

kg	hg	dag	g	dg	cg	mg
0,	0	0	7			
	0,	0	7			
		0,	7			
			7			
			7	0		
			7	0	0	
			7	0	0	0

Toutes ces écritures expriment la même masse.
7 g = 7 000 mg = 0,007 kg

Il existe aussi d'autres unités de mesures de masse :
la tonne (t) = 1 000 kg.

36 Les mesures de capacité

hL	daL	L	dL	cL	mL
0,	0	2			
	0,	2			
		2			
		2	0		
		2	0	0	
		2	0	0	0

Toutes ces écritures expriment la même quantité.
2 L = 2 000 mL = 0,02 hL

38 Les mesures d'aire

km²	hm²	dam²	m²	dm²	cm²	mm²
	1	23	51	2		
	1	23	51	20	00	
	1	23	51	2		
ha	a					

Toutes ces écritures expriment la même aire.
1 2351,2 dm² = 123,512 dam² = 123,512 a
= 1,23 512 ha = 1 235 120 cm²

Il existe d'autres unités de mesures d'aire :
1 are = 1 a = 1 dam² ; l'hectare = 1 ha = 1 hm².

Achevé d'imprimer en Italie par G. Canale - Dépôt légal : avril 2015 - Édition 02 - 16/1289/4